小顔になる！
骨《ほね》つぼ
HONETSUBO
セルフケア
松山流整體《せいたい》術®

松山 太

あらゆる不調や悩みを
とりのぞくカギは
「骨《ほね》のつぼ」にありました。

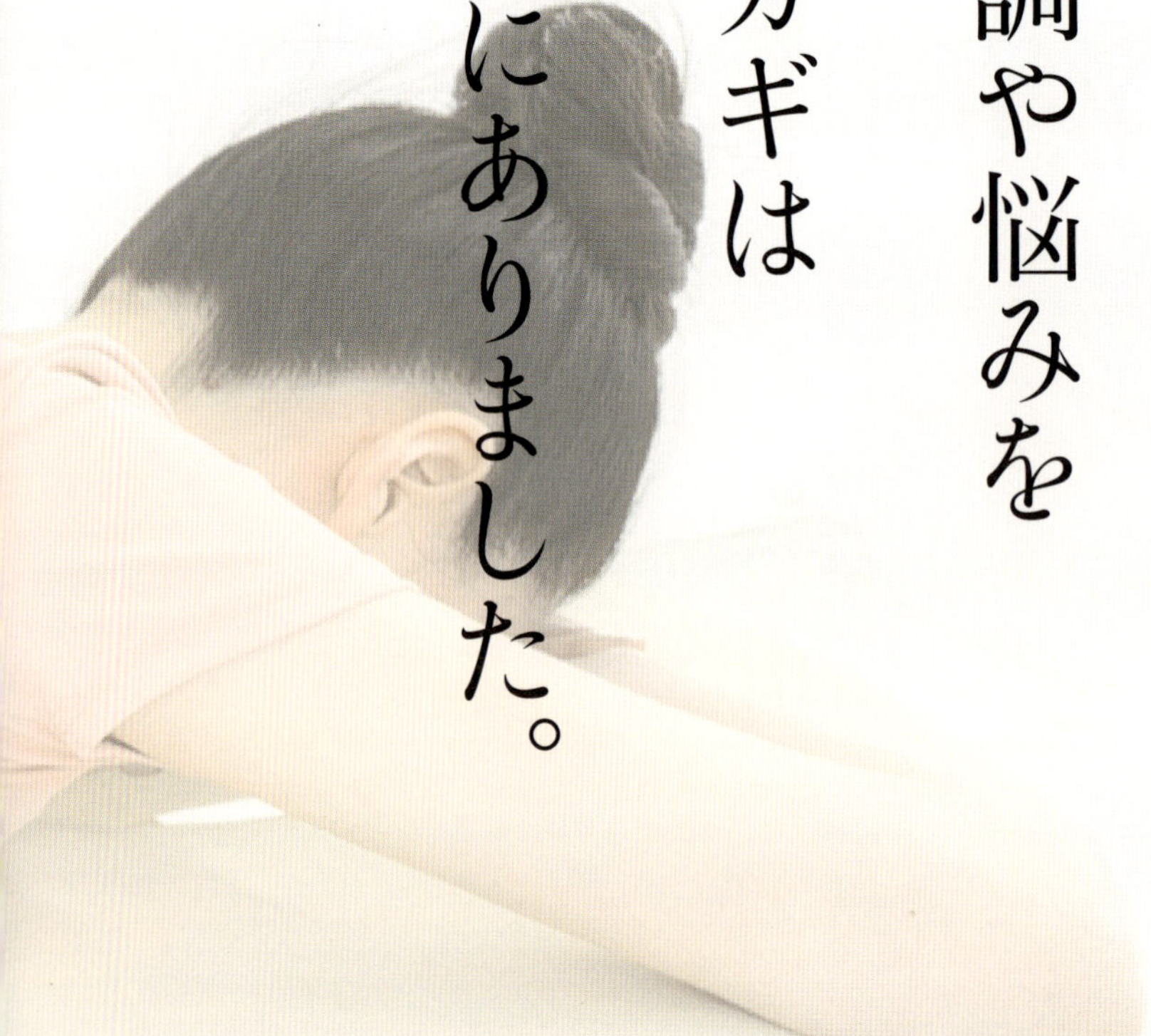

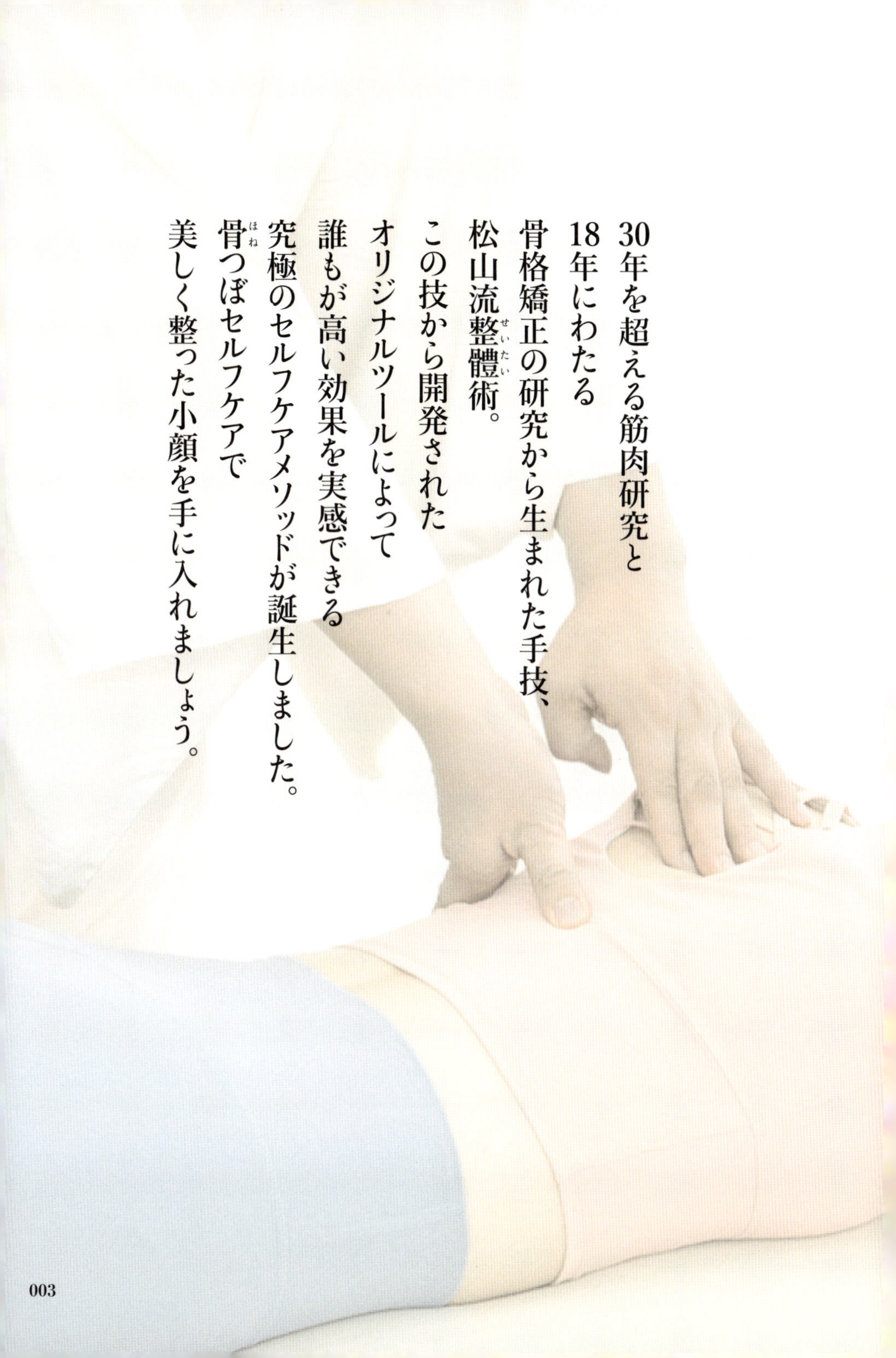

30年を超える筋肉研究と
18年にわたる
骨格矯正の研究から生まれた手技、
松山流整體《せいたい》術。
この技から開発された
オリジナルツールによって
誰もが高い効果を実感できる
究極のセルフケアメソッドが誕生しました。
骨《ほね》つぼセルフケアで
美しく整った小顔を手に入れましょう。

目次

四、カメレオンスティックを使った 骨《ほね》つぼセルフケア実践

五、體《からだ》の歪《ゆが》みを整える エネルギーワーク

※骨つぼセルフケアは、カメレオンスティック（別売）を使用します（P36参照）

はじめに

「骨格矯正」を考える

皆さま、こんにちは。松山流整體《せいたい》術 開祖の松山太です。骨の歪《ゆが》みを改善する「骨格矯正」は、この30年くらいで大きく認知が広がりました。近年は「骨を整える」という言葉がメディアで多く取り上げられるようになり、ますます〝骨の健康維持〟に注目が高まっています。しかし、世の中に存在する骨格矯正や、身体の歪《ゆが》みを改善に導く施術は、果たして本当に**「大きな効果がある」と言い切れるものなのでしょうか？**

病弱だった私自身の経験から言えること

私は生まれつき虚弱体質で、幼少期から胃腸の不調、頭痛や首の痛みをはじめとした様々な症状に悩まされてきました。成人してからも、肩コリや背中や腰の痛みといった不調は常に付きまとい、病院をはじめ、接骨院や鍼灸院、カイロプラクティックなどに通い詰めていました。治療や施術を受けた後は、一時的に症状は軽くなるのですが、**数日で元に戻ってしまうため**、それを繰り返しながらこの不調とは一生付き合って生きてかなければならないのかと、半ば諦めていました。

ある日、「私自らプロの技術を習得すれば、身体の不調が改善できるかもしれない」と思い立ち、カイロプラクティックを1年程かけて習得しました。

しかし、自分が施術をする身に立ちわかったことは、**既存の骨格矯正テクニックでは、矯正量（骨を動かす大きさ）に限界があり、根本的な解決に至らない**ということでした。わずか数ミリ単位で骨を動かしたところで、クセのついた筋肉によって骨は引き戻され、**すぐに歪《ゆが》みは元に戻ってしまうのです。**この問題を解決するためには、**「矯正量の大きなテクニック」を探し出すしかないと悟りました。**

「矯正量の大きいテクニック」を探すが見つからない

そこで私は、自身の不調を解決すべく、「矯正量の大きな骨格矯正テクニック」を探す旅がはじまりました。

国内外の医療を知りつくす医学博士や専門家、世界中で活躍するセレブのセラピスト、さらには海外の王室関

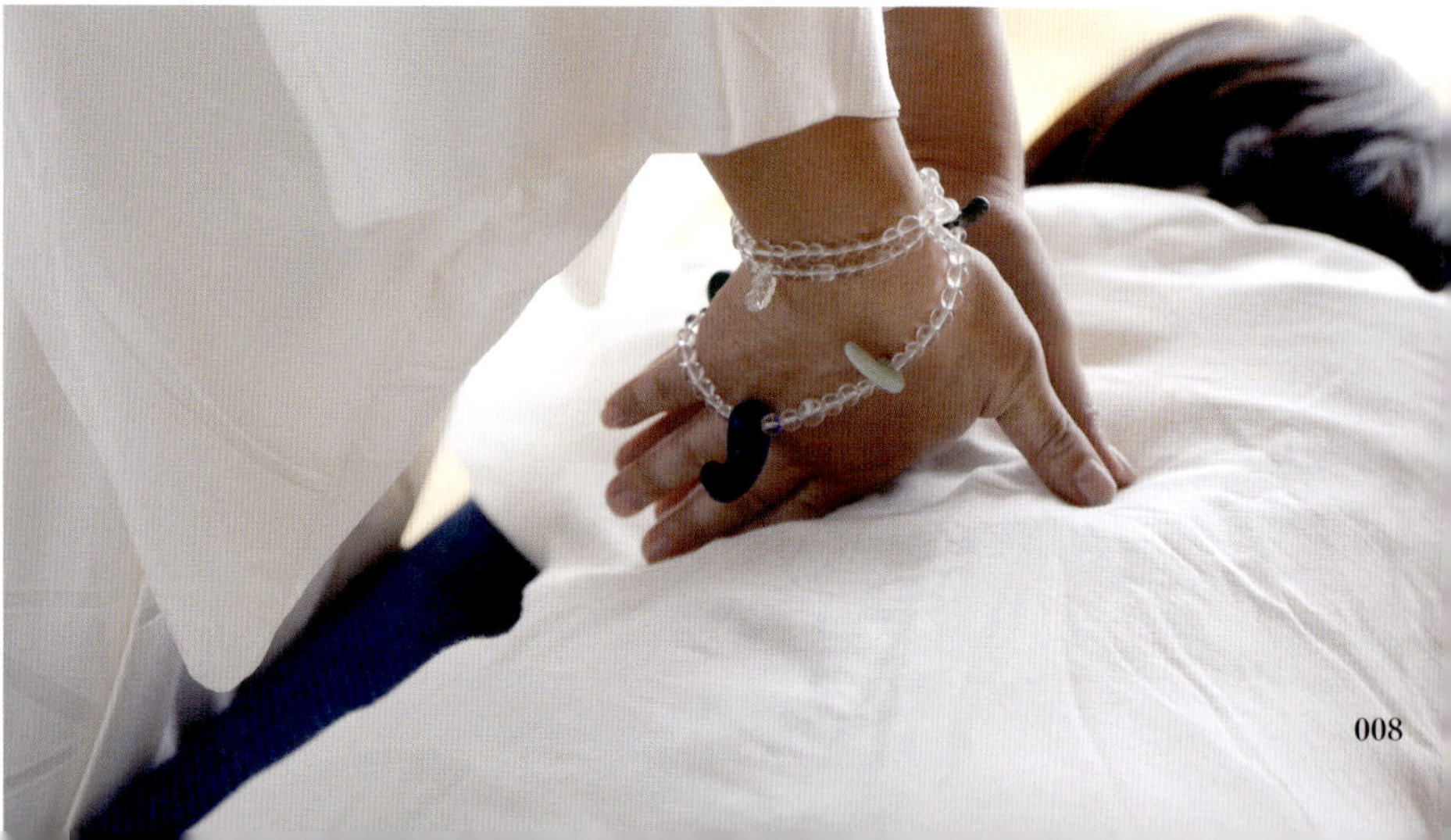

係者や、長い歴史を持つ伝統医療に造詣《ぞうけい》が深い方……。ネットや人伝いなど、あらゆる業界人に聞き取りを試みましたが、**「矯正量の大きな骨格矯正テクニック」は見つかりませんでした。**

独学で「矯正量の大きなテクニック」をつくると決心
立ちはだかる困難に立ち向かう日々

そこで、どうしても自身の不調を解決したい私が出した結論は、**「矯正量の大きな骨格矯正テクニック」が存在しないのなら、自分でつくる！**でした。しかし私の立場はその時、鹿児島県庁というお役所勤め、しかも鹿児島県の離島である沖永良部島《おきのえらぶじま》へ赴任中ということもあり、骨格矯正に関する情報収集が困難な状況でした。当時は今のようにＹｏｕＴｕｂｅにアップされている情報も豊かではなく、新たなテクニック開発に必要な情報がない状況での研究スタートとなりました。

そこで私が取った方法は、

「自分の心に聴いて技を生み出す」

という方法でした。これは、不調で苦しむ人々を思いやる慈悲心に聴くことで心眼が開き、たとえ人類史上に皆無の技であっても、ゼロから生み出すという、**古代の人々が行なってきた手法**でした。

そして具体的なやり方としては、**自分の骨に手で触れて矯正するという、自らを実験台にしたやり方**を一日も休まず約18年間継続しました。そこで得た体感と経験則を基に、**お客様の関節**

の深い部分へアプローチをするという誰もやったことのない領域へのアプローチをスタートしました。誰もやっていない深い領域なので、逆に症状が悪化するのではないか？という不安と恐怖と闘いながら、少しずつ、少しずつ、手で岩を掘るような努力が続きました。要領を得ない最初の10年間は、両手が関節炎になり痛みで眠れない日もありました。また当然、身体の深層部に触れるということは長年蓄積した邪気に触れることでもあり、**霊障に悩むこともありました**が、その対処法として生まれた「松山流哲学」を基にした様々な対処法（力を使わない〝骨《ほね》つぼ〟へのアプローチと幾何学的読み解き、意識コントロール）により、今ではこれらの問題は一切ありません。

ついに誕生した「矯正量の大きなテクニック」

このように、人生を賭けた研究の結果、ついに唯一無二の松山流整體《せいたい》術（正式名称は二刀無現流松山式正忍骨聖體術）が完成したのです。このテクニックの最大の特徴は、**一般的な骨格矯正テクニックの20倍以上におよぶ矯正量**を有しているということです。つまり、既存のサロンで20回で実現する矯正量を、1回の施術で実現するというものであり、これによりこれまでの課題であった**「数日しか効果が持続しない施術」から脱却し、それどころか「施術直後よりも数ヶ月後の方が不調が解決され、さらに美容やアンチエイジング効果が高まる」**という、これまでの手技業界ではあり得なかった体験が、毎回の施術で起こるようになったのです。

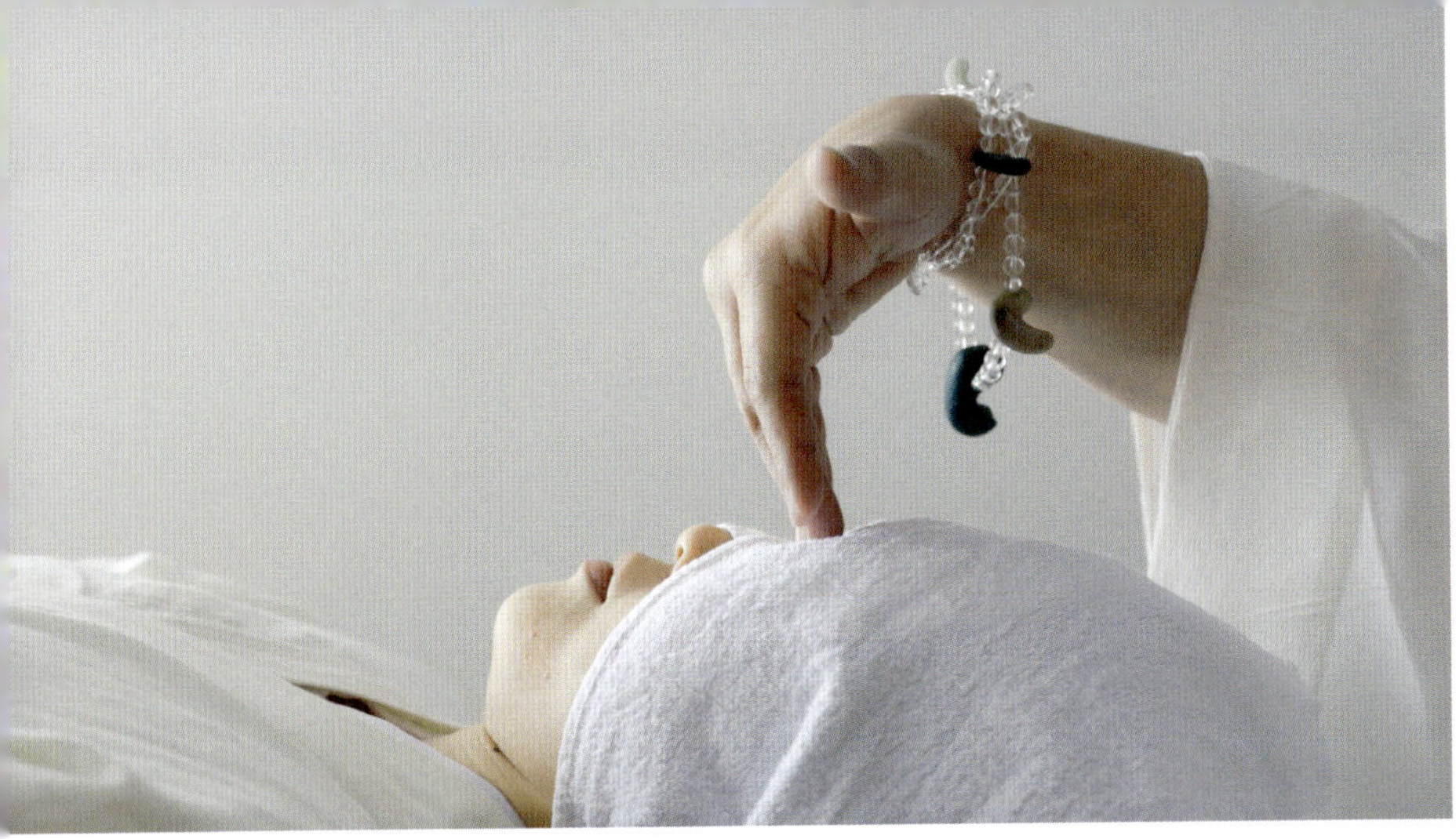

骨には骨格矯正を可能にする「ツボ」が存在する

「一般的な骨格矯正テクニックの20倍以上におよぶ矯正量」を実現できた鍵は、「骨《ほね》つぼなる、骨のつぼ」の発見でした。

これまでの手技業界のやり方は、「触診で骨の歪《ゆが》みを確認し、その歪《ゆが》みとは逆の方向へ骨を押す」という単純な施術でした。**しかしこのやり方では骨はほとんど動きません。**なぜなら、歪《ゆが》んだ骨に巻き付いているコラーゲン繊維の靭帯と、その上に巻き付く筋肉により固定された骨は、単純に押すだけではほんの少ししか動かないからです。

そこで私はその方法ではなく、**長年の研究から「骨《ほね》つぼ」なる、固定ネジ（骨《ほね》つぼに突き刺さるコリ）を抜き取る技術を独自に発見**したことで、一般的矯正テクニックの20倍以上の矯正量を実現しました。

この矯正量により、重篤な肩コリ・猫背・腰痛などの大幅な改善、側弯症、重度の歪《ゆが》みなど、既存の手技では困難とされてきた数々のお悩みや不調を解決に導いてきました。

さらにこの矯正量の実現により、著しい顔の歪《ゆが》み・エラや頬骨の突出などの変形の矯正や、加齢に伴い弛んだお顔や身体全体のお悩み、ほうれい線など、悩ましい見た目のコンプレックスも劇的な改善に導き、**さらに2、3回の施術で改善効果を数年間持続させる**という、数々の前代未聞の結果を積み重ねてきました。

習得困難な松山流整體《せいたい》術を、習得しやすくしたカメレオンスティック

このようにして生まれた松山流整體《せいたい》術ですが、当初は習得に時間を要する少し難しいテクニックでした。本来は難しくないのですが、なんでも便利になってきた現代では、「技を極める」、そのためには数年間は集中して練習する、といったような、技術者としての基本的な心構えができている人材が年々減少していて、松山流整體《せいたい》術の習得にチャレンジしようという人材が殆ど現れませんでした。そこで私は、松山流整體《せいたい》術の入門編として、誰でも短期間で習得可能な「カメレオンスティック」を使った骨格矯正のカリキュラムを新たに生み出すと同時に、この「カメレオンスティック」によるセルフケアで小顔を実現できる「骨《ほね》つぼセルフケア」も生み出しました。他者へ施術でき、自分にも施術できるこのアイテムは、その両方で様々な体験を生み出したことから、その効果が実証されて、高い信頼を得るまでになりました。

「骨《ほね》つぼセルフケア」を世界へ普及する

本書は、私が開発した「松山流整體《せいたい》術」の理論の概要をまとめた初めての書籍であり、また、「體《からだ》の深層部にある骨」という、世界でも類を見ない画期的な『骨《ほね》つぼセルフケア』を世界に普及することで、多くの人のお悩みを解決したいという想いから出版に至りました。エステや指圧、整体など、世の中に存在する施術を続けている人はもちろん、私のようにこれまで様々な治療や施術を受けても効果を感じられなかった人にこそ、ぜひお試しいただきたいセルフケアです。松山流整體《せいたい》術を通じて、一人でも多くの人が、美と健康を手に入れるきっかけとなれば幸いです。

松山 太

一、體《からだ》を知る

～松山流整體《せいたい》術理論～

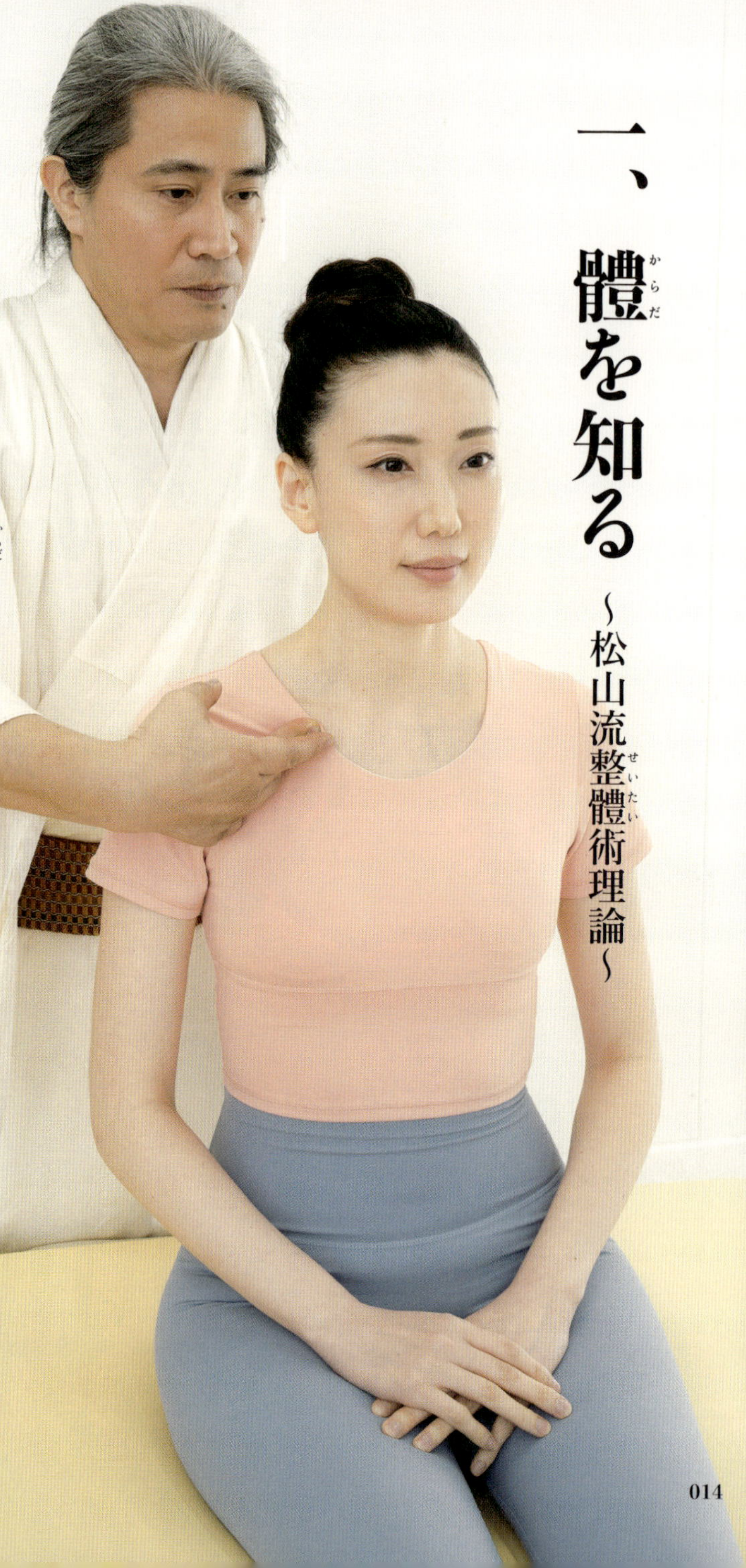

〝骨が豊か〟と書く「體《からだ》」は、体の旧漢字。かつては「からだ」と書くたびに「骨」を意識していましたが「体」という字が使われるようになり、次第に骨に対する意識が薄れていきました。體の奥深くに存在する骨こそ、生命の軸。松山流整體《せいたい》術は、骨が豊かな『體《からだ》』を意識することを大切にしています。

※曖昧さ回避のため、本書の解説部分で用いる「からだ」は、「体」および「身体」と表記しています。

身体が歪《ゆが》む原因

身体が歪《ゆが》んでしまう主な原因は、**①加齢・②脳エラー（脳の機能低下）・③環境要因**の３つです。

①加齢による歪《ゆが》み

骨そのものや、それらを支える椎間板や筋肉は、加齢により物理的に圧縮されて縮んで傾きます。また、これらをコントロールする脳・脳神経・内臓なども加齢により機能低下を起こすので、さらに歪《ゆが》みが加速します。

②脳エラー（脳の機能低下）による歪《ゆが》み

電気信号で動いている脳は、パソコンがフリーズするように脳エラーを起こすことが多々あります。疲れている時などに、食事中に舌を噛んでしまったり、顔のどこかが痙攣することはありませんか？　脳エラーが起こると全身に６００個あるとされている筋肉をコントロールする機能が低下し、コリを発生させたり身体を歪《ゆが》ませてしまいます。

③環境要因による歪《ゆが》み

栄養バランスの乱れ・運動不足・ストレス・化学物質・食品添加物など、環境が悪化すると、一番デリケートな脳は前述②の脳エラーを引き起こします。

骨格の歪《ゆが》みから発生する「骨格ノイズ」が全身を狂わせる

私が18年間骨に触り続けてきて深く実感しているのですが、不調のある方の骨には冷たさや、重さや、悲しみのような、どんよりとした黒い影、体液の濁りが漂っているような感触があります。骨が歪《ゆが》むと、歯車がズレたようになり、耳では聴こえないギシギシ音が鳴り響く、まさに波動ノイズを感じるのです。つまり、音は音波であり、波動であることから『骨格ノイズとは、波動ノイズ』ということなのです。

「骨格ノイズ」から発生する4つのノイズ

①物理的な、骨格の歪《ゆが》みノイズ
②エネルギー的な、エネルギーの歪《ゆが》みノイズ
③感情的な、悲しみ、怒りのような感情の歪《ゆが》みノイズ
④意識的な、考え違い、捉え違いのような意識の歪《ゆが》みノイズ

整体業界では、『骨格の歪《ゆが》みにより全身の細胞が圧迫されて、3つのライフライン（血流・神経流・リンパ流）が閉塞する』ことは、すでに常識となりつつありますが、私が特に危機感を感じているのは、

これらの骨格の『4つのノイズ』が、

○脳・神経系　○内臓系　○筋・骨格系（その他全身）○3つのライフライン（血流・神経流・リンパ流）○4次元ボディ（アストラル体・メンタル体）

へとノイズ伝播し、左ページの4つのカテゴリーを不調にしていると感じるのです。

骨格ノイズのリセットで、4つのカテゴリーを同時に改善

4つのカテゴリーとは、①健康面　②美容面　③能力開発　④ヒーリング　のことです。この4つのカテゴリーの不調は、軽症ならまだしも、中症や重症のように慢性化すると、現代社会でも問題解決どころか、むしろ年々不調を訴える人が増えていて問題増加していると感じます。

『骨格の歪《ゆが》みを高い矯正量で矯正することは、この骨格の『4つのノイズ』を消去したり弱める』ことから、自ずと右の4つのカテゴリーが大幅に改善されるのだと考えていますし、実際にそのような体験談が多数あります。この、骨格の『4つのノイズ』を消去または弱めることを、松山流整體《せいたい》術では、

『骨格ノイズリセット』

と呼称しています。

代表的な骨格矯正の手技には、約130年の研究がされているアメリカのカイロプラクティックがありますが、カイロプラクティックの世界や関連大学でも、

『骨格に異常があると、全身に異常をきたす』

ことは基本的概念として認識されています。

骨格ノイズのリセットに重要な蝶形骨《ちょうけいこつ》

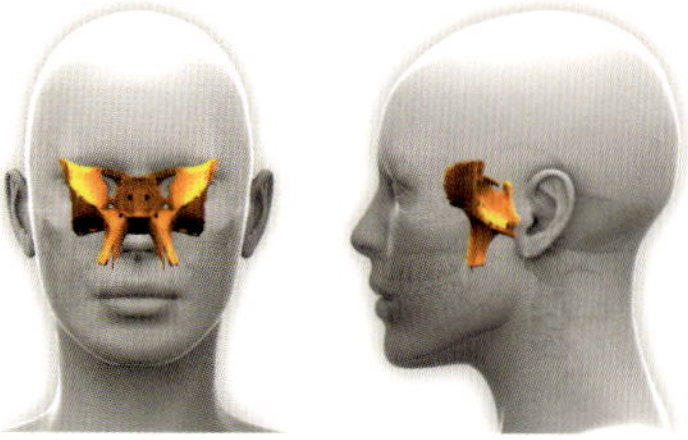

蝶形骨の位置

頭蓋骨は、22個のパーツから成り立っていますが、**その中央にある蝶形骨《ちょうけいこつ》という、非常に重要な骨**があります。羽を拡げた蝶のように見える「蝶形骨《ちょうけいこつ》」は、人体にとって、とても重要な役割を担っています。蝶形骨《ちょうけいこつ》の中央にあるくぼみは、「**脳下垂体**《のうかすいたい》」が丁度はまるような形になっています。脳下垂体とは、全身のホルモン分泌や自律神経、免疫などのバランスをとる働きを促す指令を出すところです。また、生命活動維持に大切な役割を果たしている自律神経機能や体温、血圧、睡眠、歩行反射、水分、食欲その他の調整機能を司っている間脳、視床下部を含めた「視床《ししょう》」とも関わりがあります。そのため、蝶形骨《ちょうけいこつ》の歪《ゆが》みは脳脊髄液の循環、脳神経、内分泌系、自律神経系、脳幹の働きに少なからず影響を及ぼしています。蝶形骨《ちょうけいこつ》の歪《ゆが》みを整えると脳が刺激され五感も活性化し、

蝶形骨の骨つぼを整える

ChameleonStick
―カメレオンスティック―

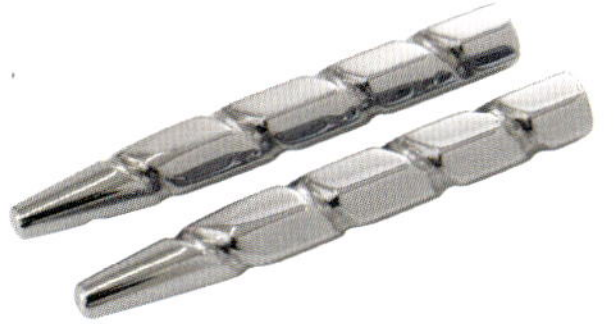

平衡感覚・判断力・反射神経も活性化し、そこからつながる背骨の様々な神経が活性化され、関連する筋肉・血行・神経・ホルモンバランス・内臓が整うように調整されます。

「蝶形骨《ちょうけいこつ》を整えれば身体の全てが整う」

と言われるほど、重要な骨だということがわかります。**この蝶形骨《ちょうけいこつ》が歪《ゆが》むと、**前述の重要な機能の低下により、身体の中枢から様々な不調や老化が発生し、その影響で神経や筋肉の反射など、全身の平衡感覚バランス維持機能が低下し、**全身の骨格が歪《ゆが》みます。**

その結果、頭部全体を歪《ゆが》めて頭を大きくし、頭を土台としている顔までもが大きくなります。すなわち、**小顔を邪魔している1番の犯人は蝶形骨《ちょうけいこつ》**なのです。さらに、蝶形骨《ちょうけいこつ》が歪《ゆが》むと前述の**脳エラーや骨格ノイズが発生すると蝶形骨《ちょうけいこつ》も歪《ゆが》むという、相関関係**にあることから、蝶形骨《ちょうけいこつ》を整えれば脳エラーや骨格ノイズも消失することが松山流整體《せいたい》術の実証として分かってきており、**蝶形骨《ちょうけいこつ》を重要視して整えることが大切**です。

カメレオンスティック（P36参照）による「骨《ほね》つぼセルフケア」を開発したことで、**誰でも簡単に「蝶形骨《ちょうけいこつ》」を整えることができる**ようになりました。

顔が大きくなる原因のほとんどが、『蝶形骨《ちょうけいこつ》の歪《ゆが》み』

これまでの小顔ケアでは、その殆どが『皮膚や筋肉のむくみを流す』ものであり、蝶形骨《ちょうけいこつ》など骨格そのものを矯正してサイズダウンするものではありませんでした。しかし、カメレオンスティックを使った「骨つぼセルフケア」では蝶形骨《ちょうけいこつ》をはじめとする骨格矯正を促すことから、顔の幅・顔の長さ・顎の幅・顎の長さ・鼻の長さ・鼻の幅・頭の形状・頭のサイズといった、これまでの小顔ケアではサイズダウンできなかった箇所までサイズダウンできるのです。

『蝶形骨《ちょうけいこつ》の歪《ゆが》み』を整えることで全身を正常に保つ

蝶形骨は、大自然や宇宙からの振動（周波数）をキャッチして、人間の意思とは別に、独自に振動をしていると言われています。また仙骨は、地球中心からの振動（周波数）をキャッチして、独自に振動していると言われています。その他の全身の骨（全体で約200個）はこれら2つの骨の振動に合わせて、それぞれの位置を正常に保持しています。しかし、蝶形骨や仙骨が歪むと、これらの振動（周波数）に僅かにズレが生じ、全身の骨格までも歪んでしまいます。特に蝶形骨は脳や眼球に接するという敏感な位置にあることから、仙骨が歪むことよりも全身への悪影響が強く現れます。骨つぼセルフケアで蝶形骨を整えるということは、宇宙や地球との繋がりのズレを補正し、全身を正常に保つことにつながります。

『蝶形骨《ちょうけいこつ》を整える』ことは『松果体覚醒《かくせい》』への近道

第三の目とも言われる松果体は、蝶形骨の裏側（蝶形後頭軟骨結合部の奥）に存在するため、蝶形骨が歪むと当然、松果体の働きにも影響が出ます。松果体は「メラトニン」というアンチエイジングに重要なホルモンを生産しますが、閃き、直感、スピリチュアリティの源泉ともされ、魂が宿る場所とも言われます。この松果体はカメレオンスティックの成分と同じ「ケイ素（石英）」が主成分でできており、カメレオンスティックで蝶形骨を整えることで松果体の機能も正常化させるため、松果体覚醒を促していく近道になります。松果体が覚醒すると、意識が拡大し、潜在能力やサイキック能力など直感的な感覚が目覚めます。カメレオンスティックは、松果体とも共振しやすい素材とデザインでできており、まさに「アセンションサポート」アイテムとしても活躍するでしょう。

カメレオンスティックによる蝶形骨《ちょうけいこつ》のケアで全身の歪《ゆが》みまで改善しました！

10日間モニターI・Oさん　30代

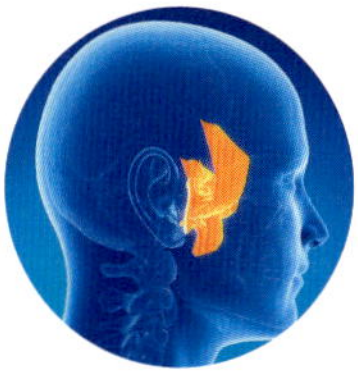

蝶形骨が歪む

↓

生理機能の低下
周波数のズレ

↓

顔・背骨・仙骨
が歪む

↓

顔が大きくなる
全身が歪む

↓

不調・美容の
お悩み
老化

✓ 頭部のセルフケアだけで蝶形骨が整い、全身の歪みが改善されました。日頃のトレーニングがしやすくなりました！

蝶形骨《ちょうけいこつ》を整えて、全身をまっすぐに。小顔効果もアップ。

Before は、身体全体が右へ倒れ込むように骨が歪んでいることがわかります。この状態で美しいと言えるでしょうか？ 顔と身体は一体です。身体が歪んでいて高いクオリティーの小顔が実現できるでしょうか？ カメレオンスティックによる骨つぼセルフケアによって、全身の歪みは大幅に改善されました。もちろん、お顔も小さくなっています。

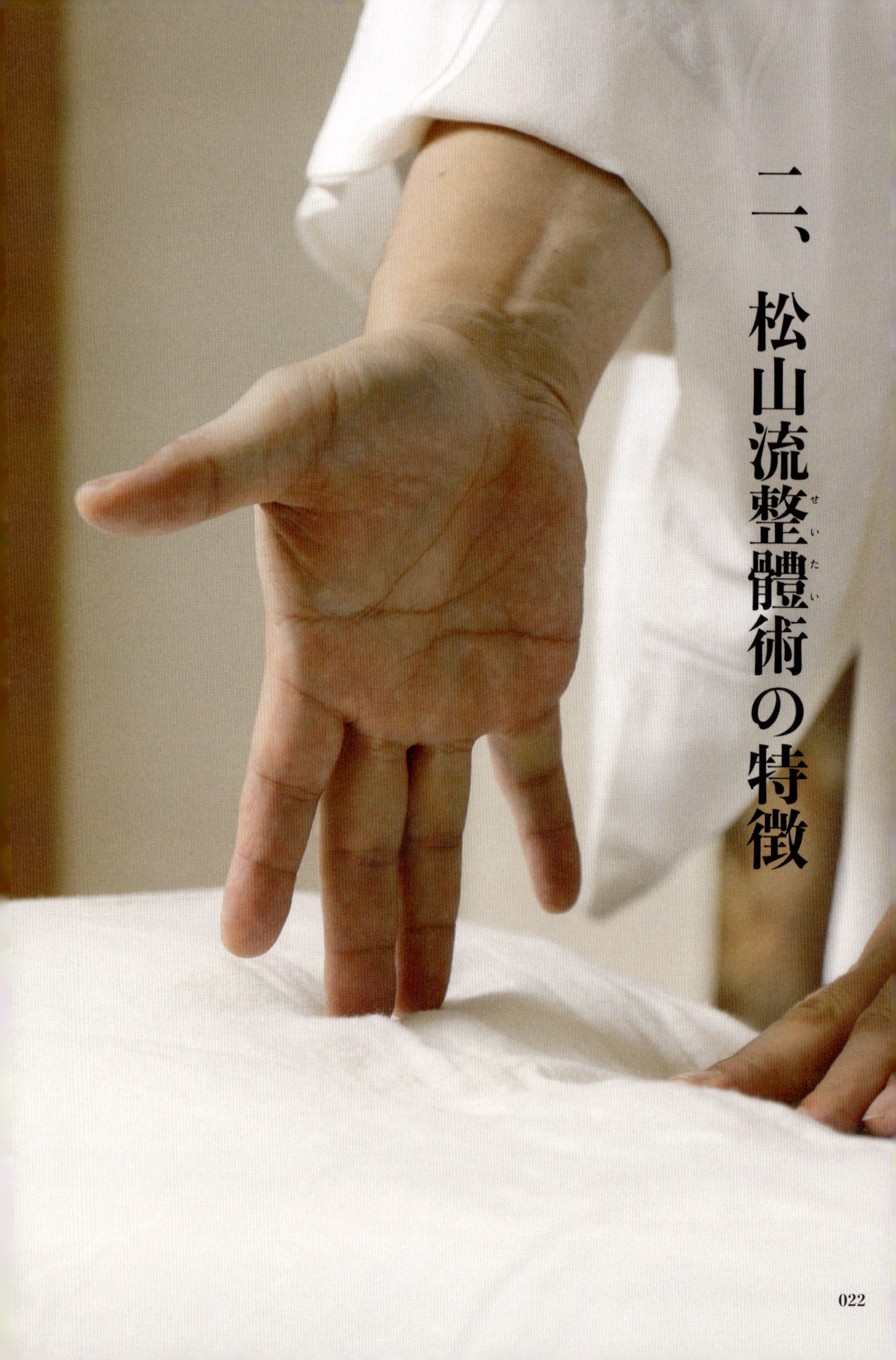

二、松山流整《せい》體《たい》術の特徴

松山流整體《せいたい》術における「骨格矯正」の考え方

「骨《ほね》つぼ」をケアして固定ネジを抜き取らなければ骨格矯正は不可能

これまでの一般的な骨格矯正の概念では、深層部の「骨《ほね》つぼ」に突き刺さっている固定ネジ（慢性的なコリ）を抜き取らずそのままの状態で施術してきました。これではいくら施術しても、**固定ネジで固定されているわけですから矯正量は僅かです**。松山流整體《せいたい》術では、「骨《ほね》つぼ」に突き刺さる固定ネジを外す独自のテクニックにより、スムーズな全身骨格矯正が可能となったのです。

３ＢＯＸの変形を整えなければ背骨矯正は不可能

骨格を構成する３ＢＯＸ（頭蓋骨・肋骨部・骨盤）は、外力でダンボールが変形するのと同じように年々変形してゆきます。固定ネジを抜き取って緩んだ状態から、潰れた３ＢＯＸを矯正することで、３ＢＯＸの中心を通る背骨まで矯正することができます。すなわち、**３ＢＯＸの歪《ゆが》みを放置して背骨矯正はできないのです**。

松山流整體《せいたい》術における骨格矯正7つのポイント

① 施術エリアが違う

深層部の靭帯や骨に直積的に、長時間触れる手技は世界的に見てもほとんど存在しませんが、松山流整體《せいたい》術ではここに触れます。

② 骨《ほね》つぼ（骨が動くツボ）をケアする

独自に発見した、ピンポイントで軽く触れるだけで骨が動くポイント、それが「骨《ほね》つぼ」。ここに触れることで固定ネジが外され、筋肉などの軟部組織が緩んだ状態となり、全身の骨格矯正が可能となります。

③ 3BOXの歪《ゆが》みを整える

頭蓋骨を円形・肋骨部を四角形・骨盤部を三角形の立方体のBOXと捉え、この3つのBOXの歪《ゆが》みを矯正することで中心を通る背骨を矯正します。この独自理論はこれまでの背骨矯正の常識を変える、逆の発想といえます。（3BOXの法則はP27参照）

④ 「骨《ほね》つぼ」と「3BOXの法則」により20倍以上の矯正量を実現

これら独自理論を組み合わせたことにより、一般的骨格矯正サロンに20回以上通って実現される矯正量を、1回の施術で実現できます。

⑤改善不可能な症例の問題解決が可能

20倍以上の矯正量により、高齢者の側弯症・背骨の崩壊した圧迫骨折・変形性関節症・滑り症・猫背のような著しい変形すら、大幅に改善することが可能となりました。また、頭の変形・顔の著しい変形・加齢による顔や身体のエイジング、幼少からのコンプレックスまでも解決できるようになりました。これは世界的に見ても手技では不可能な領域です。

⑥数ヶ月から数年持続する美容効果

たった1回の施術であっても、施術直後よりも数ヶ月後の方が骨格矯正による効果が高くなります。その理由は、全身約２００個あるとされる骨が矯正されると、付着している約６００個の筋肉などの組織が新しい骨に定着するまでにタイムラグがあり、その期間が数ヶ月かかるからです。また半年の間に3回程度施術を受けると、正しく定着した筋肉や靭帯の働きにより、数年間は美容効果が保持されるという長期に渡る松山流整體《せいたい》術独自の研究成果もございます。

⑦シンメトリー可能な唯一の手技

シンメトリー（左右対称性）は赤ちゃんですら判断できると言われる、「美の定義」であり、「人も動物もよりシンメトリーに近い相手をパートナーに選ぶ」と言われるほどです。見る人の魂をも魅了するような究極の美を実現するためには、シンメトリーは必須ですが、それを作っているのは骨格であり、歪《ゆが》んでいるとシンメトリーになれません。骨格をシンメトリーに極限まで近づけることができる方法は、松山流整體《せいたい》術しかありません。

体の断面図

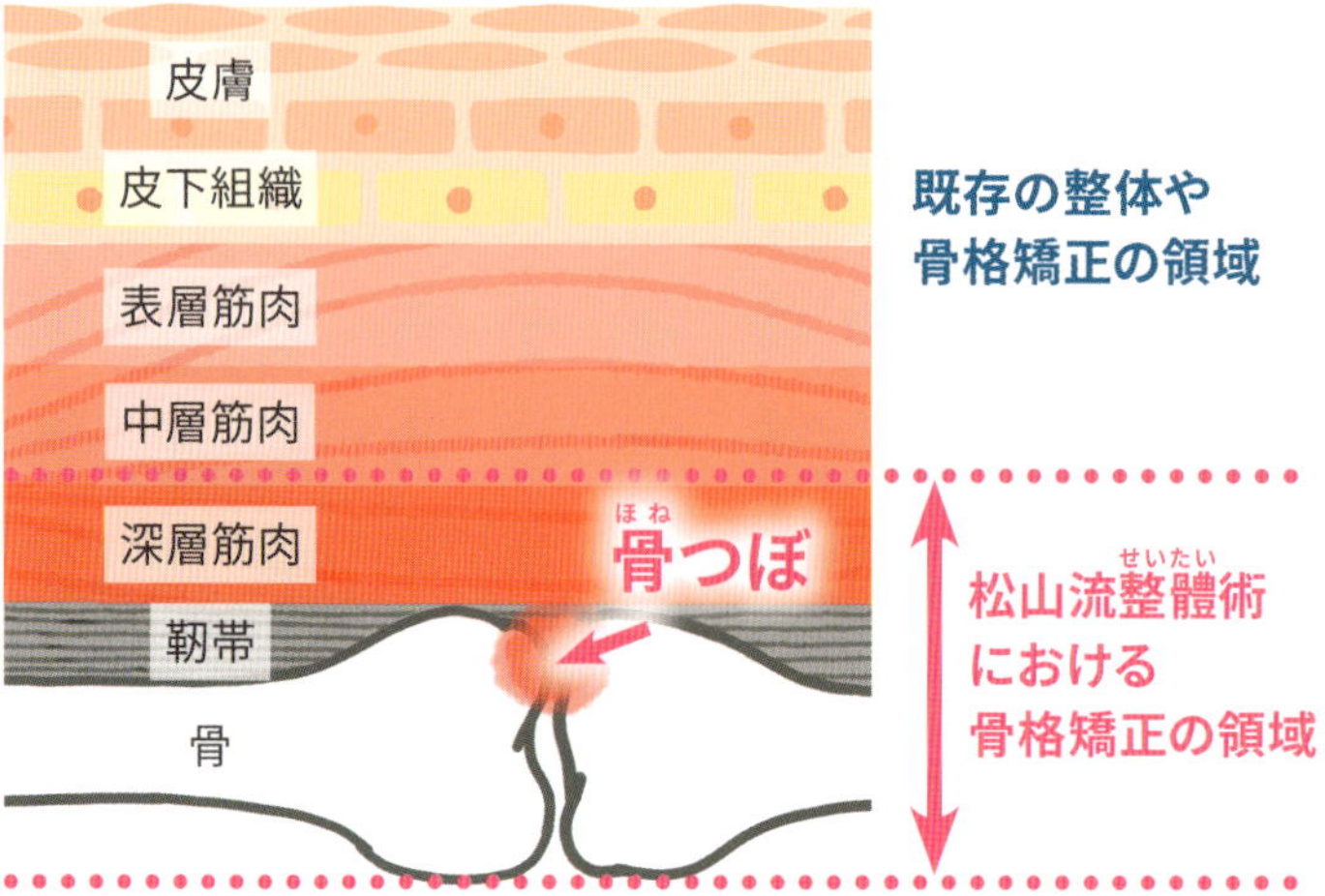

松山流整體《せいたい》術の掲げる重要な3つの法則

① 骨《ほね》つぼの法則

松山流整體《せいたい》術®は、骨の深層部にアプローチして骨を矯正することで、一般的矯正テクニックの20倍以上の矯正量を実現する、安全性の高い完全オリジナルの骨格矯正です。

手技業界では敬遠されてきた骨。あえてそこに活路を見出したことで、骨を動かすツボ『骨《ほね》つぼ』を発見。松山流整體《せいたい》術では複数の骨《ほね》つぼに同時にアプローチし、筋肉などの軟部組織が緩んで動く状態になってから骨を押してゆきます。

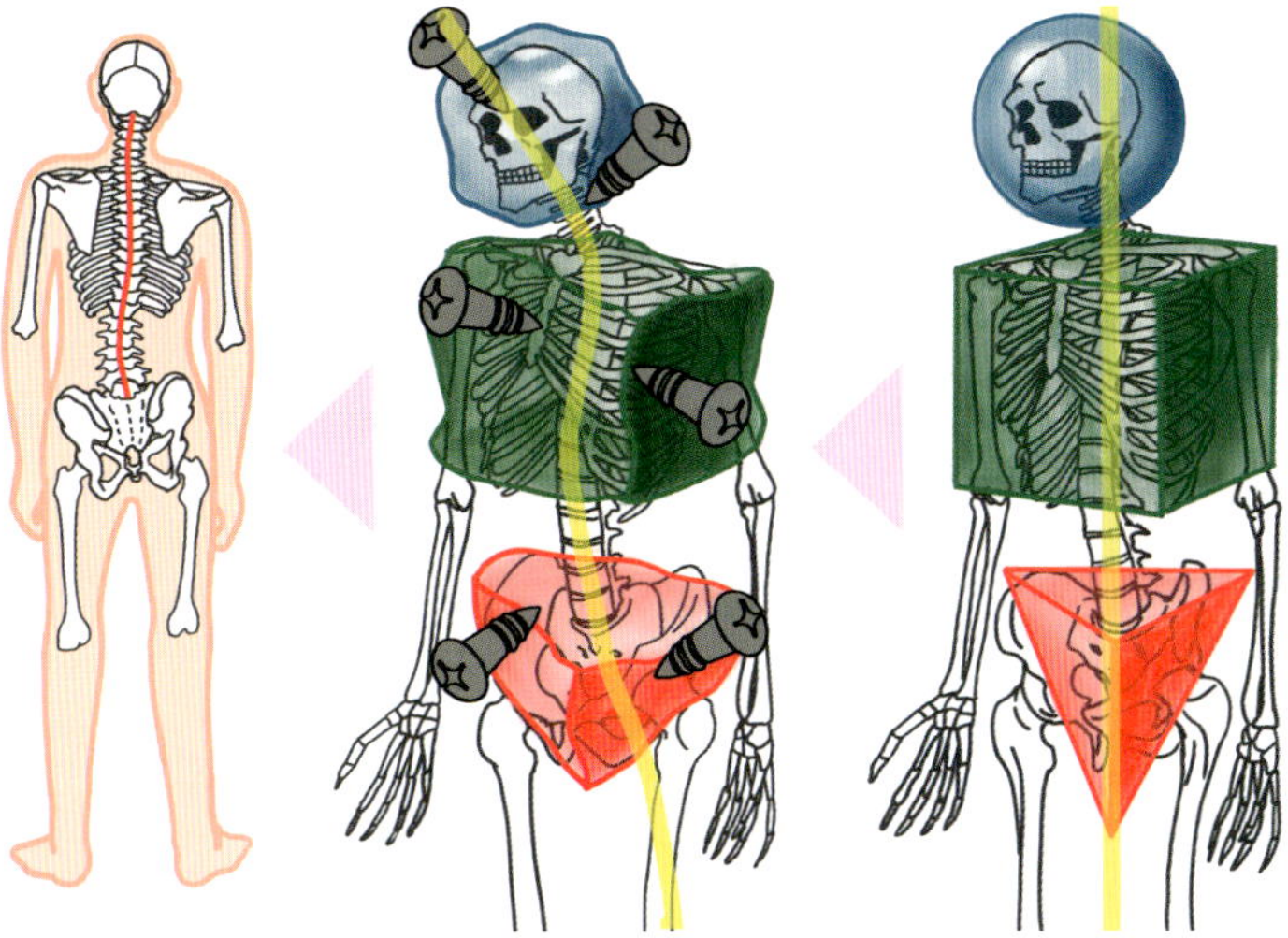

3BOXが
正常な状態

固定ネジ増殖で
3BOXが変形

背骨も歪んで不調発生！
顔が肥大化

②3BOXの法則

頭蓋骨を円形・肋骨部を四角形・骨盤部を三角形の立方体と分析してつくり上げた松山流整體《せいたい》術の骨格矯正の独自理論。この3BOXの歪《ゆが》みを矯正することで中心を通る背骨の矯正ができる新発見により、重度側弯症にも対応可能な独自の「骨《ほね》つぼ」骨格矯正技術へと進化しました。

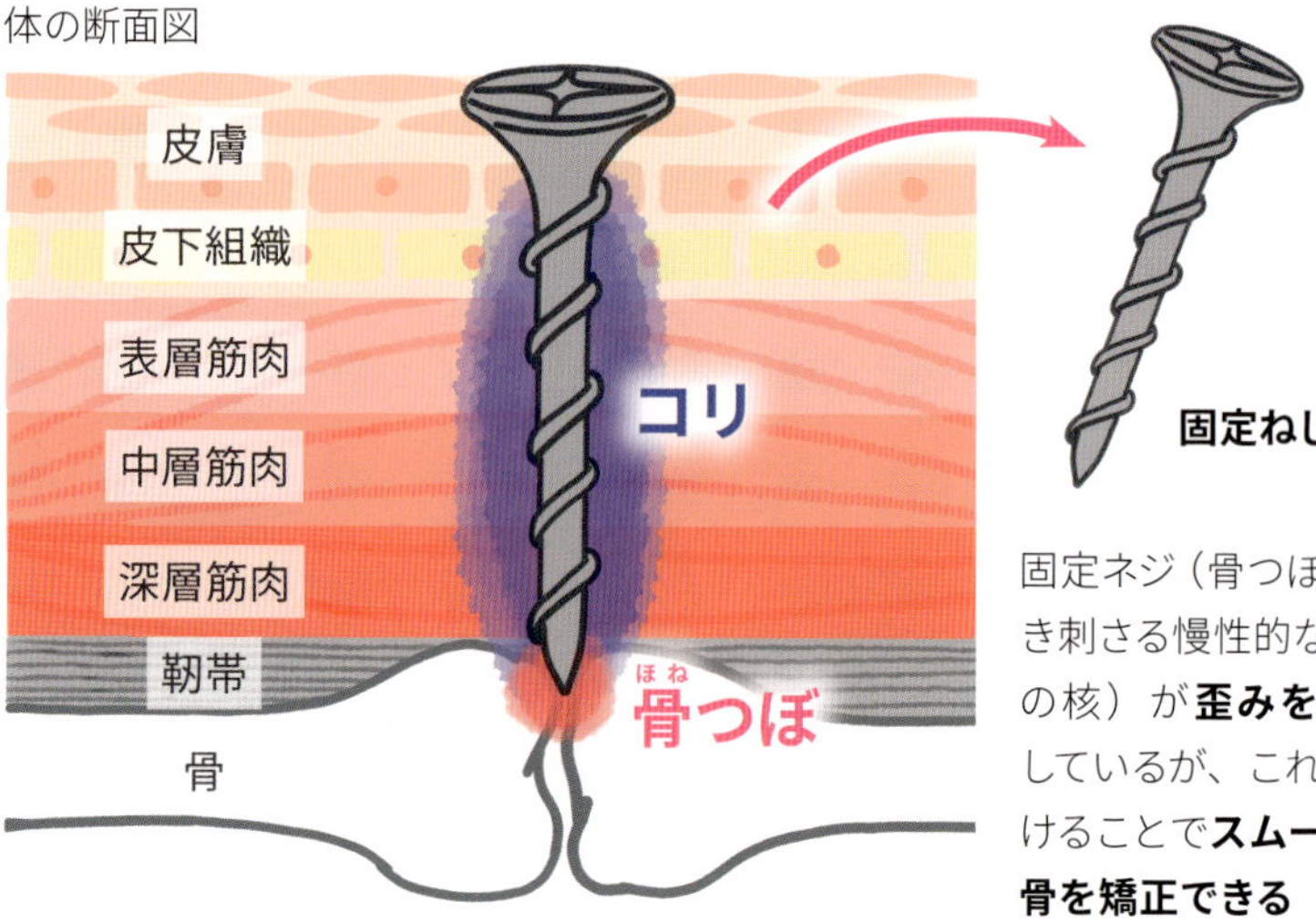

固定ネジ（骨つぼに突き刺さる慢性的なコリの核）が**歪みを固定**しているが、これが抜けることで**スムーズに骨を矯正できる**

③ 固定ネジの法則

「骨《ほね》つぼ」は骨格矯正のスイッチ。

ここに固定ネジ（慢性化したコリの核）が突き刺さると、筋肉や靭帯組織を固定してしまい、関節など骨格全体が動きづらくなり引き攣りや痛みが発生します。するとさらに新たなコリが発生し、「固定ネジが増殖」するという悪循環を繰り返します。

深層部の「骨《ほね》つぼ」にアプローチし、固定ネジを抜き取ることで一般矯正テクニックの20倍以上の骨格矯正が可能になりました。

	不調が起こるまでのフロー	対処できる技術
潜在的要因	コリの放置 （固定ネジになって骨格や筋肉を引っ張る） ↓ 3BOX をはじめとする全身の骨格の歪み ↓ 骨格ノイズの発生と 全身の細胞の圧迫	松山流整體《せいたい》術における 骨格矯正の領域
顕在的要因	3つのライフラインの不調 （血流・神経流・リンパ流） ↓ 4つのカテゴリーの不調 （健康面・美容面・能力開発・ヒーリング） ↓ 人生の不調	既存の整体や治療法

固定ネジ（骨《ほね》つぼに突き刺さるコリの核）の悪化イメージ

固定ネジが増殖するにつれ、骨格が歪み症状も悪化

体の断面図

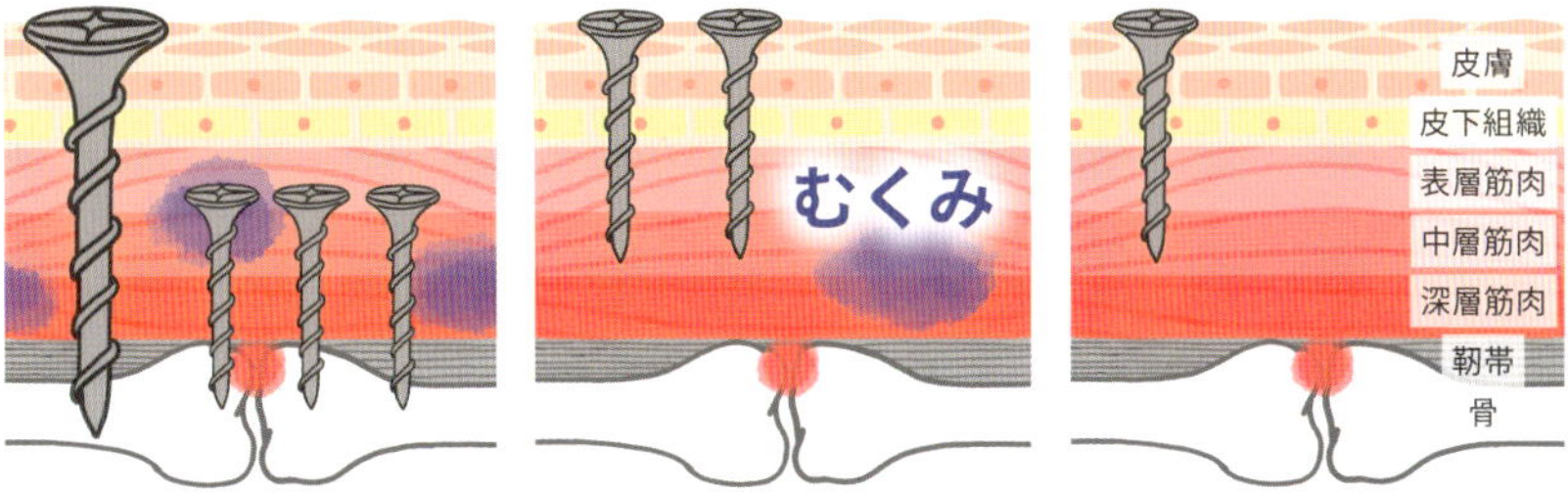

重症	◁	中症	◁	軽症
いつも感じる 痛み・不定愁訴		週１回くらい感じる 痛み・不定愁訴		時々感じる 痛み・不定愁訴

松山流整體《せいたい》術における改善症例

小顔　リフトアップ　若返り

6ヶ月に3回施術した結果　K・Fさん　80代

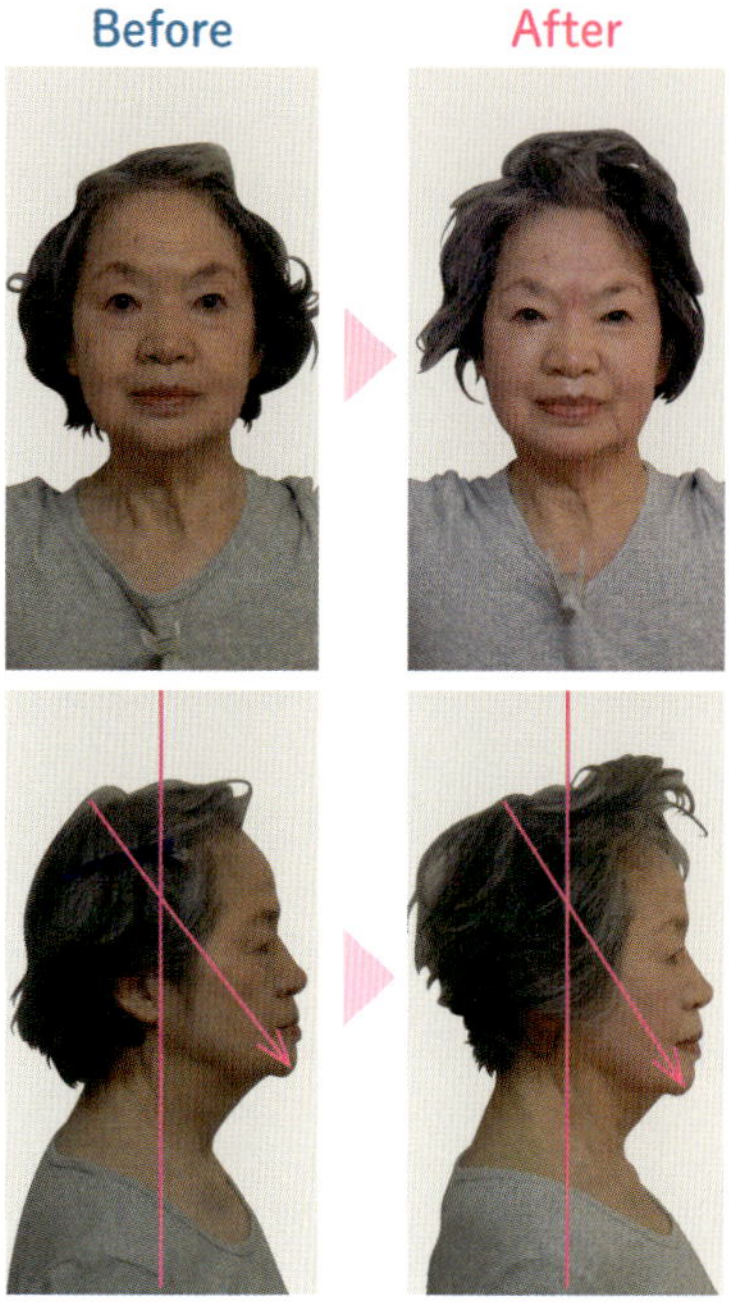

老化による顔まわりの変形が改善！
リフトアップし、
マイナス10才の変化！

加齢による特有の頭部の歪み方では、前頭骨・上顎骨・側頭骨が下がり、鼻からアゴにかけてが前方へ飛び出してくる現象があります。施術を通して、鼻から下が後方へもどり、顔の厚みが小さくなりました。長くたるんだフェイスラインは短くなり、頭部全体がリフトアップ。さらに髪の毛もボリュームアップし、見た目年齢が若返りました。

姿勢改善　バストアップ

6ヶ月に3回施術した結果　K・Fさん　80代

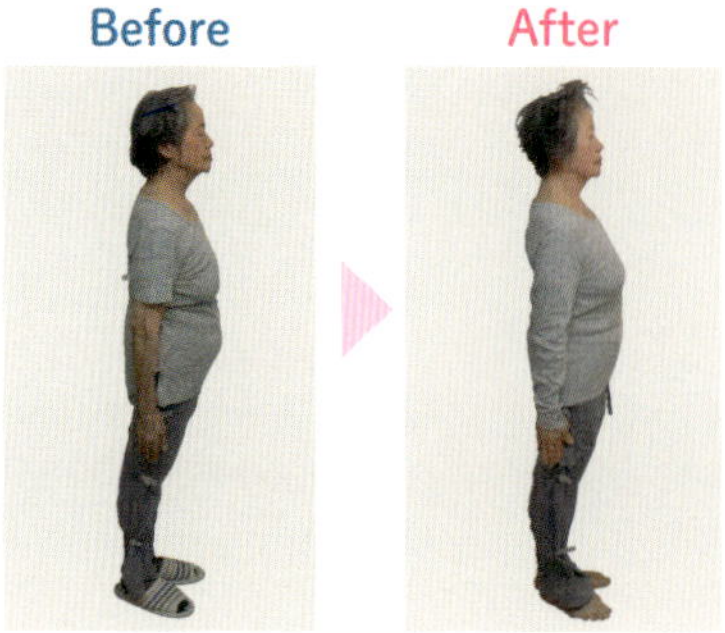

半年で体型の変化が大きく改善し、
アンチエイジング効果を実感。

施術前は、重心が前に倒れている状態でしたが、施術後には足から上が垂直の位置になりました。肋骨がリフトアップしたことで、デコルテからバストアップ効果が見られ、前のめりになっていた首から頭にかけても直立し、見違えるほど若々しい姿勢を取りもどされました。

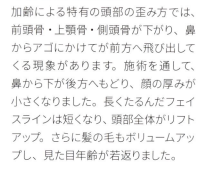

他の症例は
コチラ

側弯症　プロポーション正常化　若返り

4ヶ月間に3回施術した結果　K・Iさん　80代

Before　After

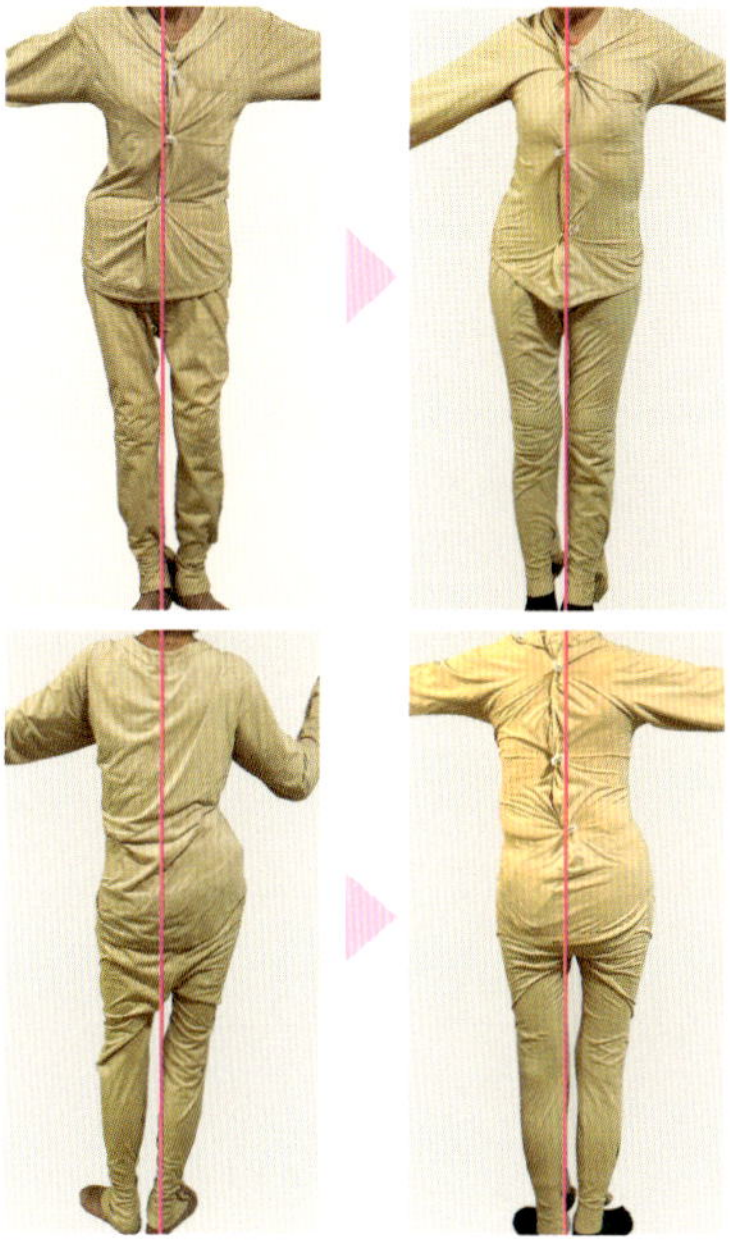

手術以外治療不可能と
医師から宣告された症状が消失！

側弯症と変形性腰椎症、脊柱管狭窄症、腰椎すべり症と診断され、歩行困難となり車椅子と杖を併用した生活を送りながら、手足のしびれと激痛で眠れない日々を過ごされていました。3回の施術を終える頃には、運動機能が改善し、車椅子から卒業。全身の痛みはほとんど解消されました。腰の位置が高くなり、バストアップ。美脚効果も見てわかるほど、健康的なプロポーションになりました。

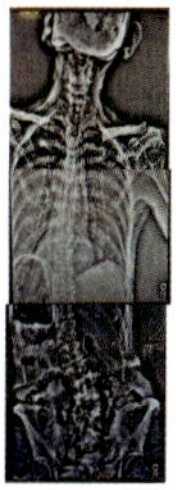

施術前に持ってこられたレントゲン写真

腰痛改善　ダイエット

6ヶ月に3回施術した結果　T・Iさん　50代

Before　After

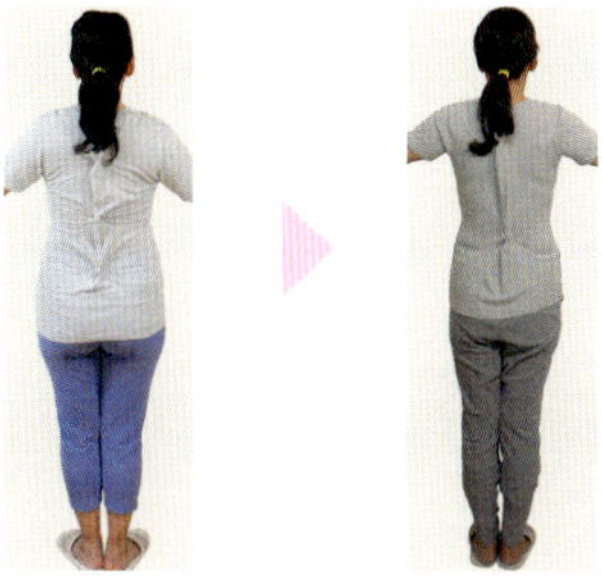

長年つらかった腰痛が解消！
劇的なダイエット効果も体感。

大きな仙骨のねじれが見られましたが、しっかり矯正したことで、腰幅が著しく小さくなり、学生時代から長年お悩みだった腰痛が改善。食欲と代謝にも変化があったようで、自然にサイズダウンしていき、ダイエットにも成功されました。

―松山流整體《せいたい》術におけるお客様からの感想―

①とにかく気持ちいい（20代／女性／M・Hさん）

骨などの深層部にアプローチする施術ということで、最初は恐れもありましたが、受けている最中は痛みはなく、とにかく気持ちいい。睡眠と覚醒《かくせい》の間を漂うような恍惚感に包まれて、今まで体感したことのない気持ちよさでした。

②身体が求めていた施術（50代／女性／I・Yさん）

施術の最中、「そこそこ！　そこに溜まってたんだ！」と気付くくらい、身体が触って欲しかったポイントに、ドンピシャにアプローチしてくれる施術でした。日頃は骨以外の表層エリアへの施術で気持ちよさや満足を感じていたつもりでしたが、骨《ほね》つぼへのアプローチがこんなに気持ちよく身体が求めていたことに気付き、もう松山流整體《せいたい》術以外の施術は受けられません。

③長年の溜まった疲労が抜ける（40代／男性／K・Hさん）

施術の最中、長年深いところに溜まっていた疲労物質や澱みが流れ出て浄化されていくのを体感でき、どんどん身体が軽くなっていくのが分かりました。施術の後は、重いリュックサックを下ろしたような全身の軽さを感じ、羽が生えたようにあらゆる動作や歩行が軽く、さらに心まで軽くなって、走り出したい気持ちになりました。

④若返りを実感（50代／女性／M・Sさん）

施術の後、日が経つにつれて身体の機能が昔の元気だった頃に戻っていってるのを実感しました。外見だけでなく、元気さや反応の速さが若返り、仕事の精度やスピードも上がり、それなのに疲れにくい身体になり、毎日を生き生きと過ごすことができています。

⑤二年経過してもリフトアップしたまま（60代／女性／S・Oさん）

60代後半の歯科医師です。日頃、美容やアンチエイジングに歯科からのアプローチで対応するお仕事をしていますが、松山流整體《せいたい》術は合理的な理論と長年の経験則から確立された手技であり、安全性も高い手技でした。2年経過した今でも顔のリフトアップが維持されており、事前に受けた松山先生からの説明どおりでした。これからもメンテナンスなどでお世話になりたいと思っています。

⑥直感力や感性が冴える（40代／男性／I・Nさん）

会社経営者です。施術を受けた後は、脳への血流量が増加してか？思考のスピードと精度が上がり、直感力や感性も冴えわたり、今までで最高の業績を達成することができました。経営者にとって直感力などの感性は必要不可欠なので、今後もしっかりメンテナンスしてゆきたいです。

※松山流整體術は医療行為や医療類似行為ではありません。

三、カメレオンスティックを使った骨《ほね》つぼセルフケア入門

骨《ほね》つぼにアプローチして骨・肉体・思考・感情すべての歪《ゆが》みを調整しながらセルフケアで
〝小顔〟を実現

カメレオンスティックで歪《ゆが》みを整える

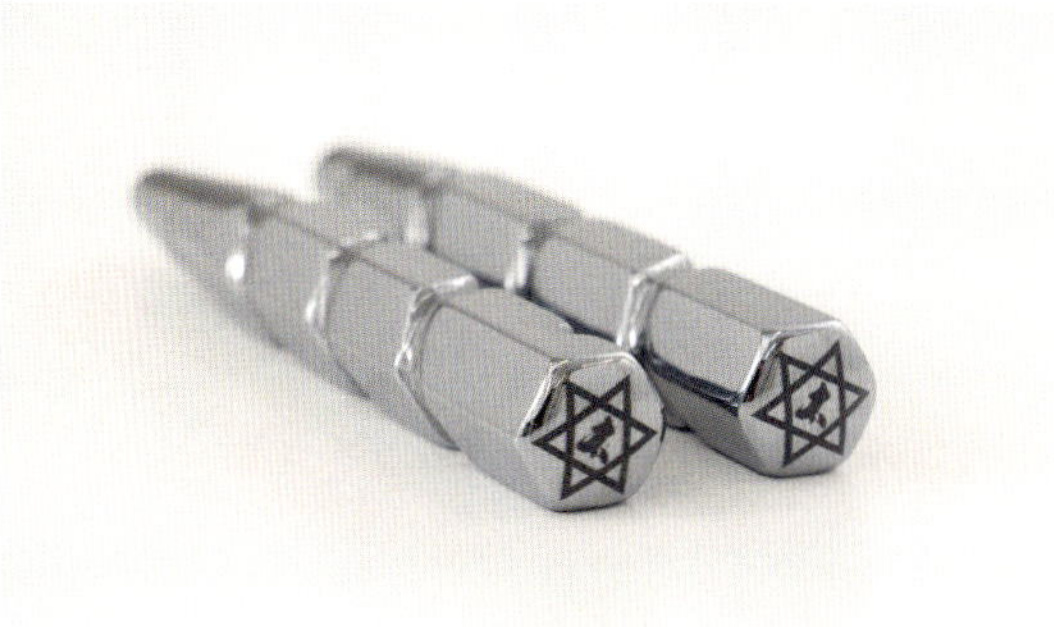

手を痛めることなく 効果的な骨《ほね》つぼへのアプローチが可能
カメレオンスティックが“手の代わり”となり、骨を押してくれる

自然エネルギーをチャージ & 放出
自然エネルギーを身体にチャージし、骨を動かすエネルギーを放出する

セルフケアはもちろん ご家庭でのケアにも
自分自身への施術はもちろん、他者への施術においても効果を高める

瞑想をサポート
施術前の〈グラウンディング瞑想〉で エネルギーを増幅させる

骨つぼセルフケア
解説動画を
Check！

骨つぼセルフケアでは、松山流整體術オリジナルツール「カメレオンスティック」（P36 参照）を使用します。深層部の骨つぼへのアプローチは一定以上の力が必要ですが、このスティックによって、手に負荷をかけずに、安全で効果の高いセルフケアを可能にします。

松山流整體術オリジナル

カメレオンスティック®とは

素材・機能性・デザインまで
松山流整體《せいたい》術 開祖 松山太が
徹底的な研究を重ね開発。
〈地球の地軸のエネルギー〉を
取り込めるよう設計しています。

松山流ロゴマーク

〈六芒星〉は、地球中心やハートのエネルギーと共振・共鳴します。〈太〉は、最も古い「太古」や「はじまり」といった根源的な意味と、万物の中心を象徴します。

【商品仕様】サイズ　長さ 14cm × 直径 1.8cm
重さ　61g / 本
※意匠登録済み（登録：第 1776450 号）

ChameleonStick
ーカメレオンスティックー

カメレオンスティックの名前の由来

松山流整體術のメソッドである手技が、爬虫類のカメレオンの手の形状を真似て行っていることに端を発しています。

六角形

地球中心を表す「六芒星」と重なる六角形は、地球中心のエネルギーやハートのエネルギーと共振・共鳴します。

高純度のテラヘルツ

木材や石（パワーストーンを含む）、金属や動物の角など、数年間に渡り様々な素材を試した結果、最も骨を整える効果に期待ができる素材を採用しました。

サイズ感

手が小さい人でも取り扱いしやすく、持ち運びにも便利なサイズ感です。体のどの部位にも適合しやすく設計しています。

側面

点の骨つぼを線でとらえられ、複数の骨つぼを同時に押さえられるよう、スティック側面には角度をつけています。

螺旋の渦

地軸を取り巻く螺旋エネルギーを模して彫られた〈螺旋の渦〉は、顕在意識を遠のかせ、意識を変性し、地軸へとつながりやすくさせます。すべりにくくさせるグリップ効果もあり、余計な力が抜けるため、よりよいアプローチがしやすくなります。

カメレオンスティックのヒーリング効果

テラヘルツ鉱石とは

テラヘルツ鉱石は、自然界に存在するミネラルの一種「ケイ素」から生成して造られる人工鉱石です。高純度なテラヘルツ鉱石は、1秒間に1兆回も振動する電磁波〈テラヘルツ波〉を放出することから、名前の由来こそ約1兆を表す「テラ」と、周波数や振動数を表す「ヘルツ」からきています。透過性を持ち、遠赤外線と比較してもより身体の内部に浸透する点からも、様々な健康効果に期待できます。

テラヘルツ鉱石は、ＮＡＳＡが「宇宙船内における人間の生存条件」という研究で、真空・無重力・極低温という宇宙船内の過酷な環境下で、人間が生きるために必要なものを調査した結果、〈テラヘルツ波〉を発見。「テラヘルツ波は、生命の代謝や育成に必要不可欠」と提言し、〝あらゆる可能性を秘める石〟として世の中に広まったといわれています。

テラヘルツ鉱石は、氷を瞬く間に溶かす熱伝導率の高さを持っているため、エネルギー循環を高めるパワーストーンとも称されています。不思議な力を持つ石として、世界各国の様々な分野で研究が進められています。

カメレオンスティックは、ヒーリング効果の高い「テラヘルツ鉱石」からうまれました

テラヘルツ鉱石の効果

自然治癒力を引き出す
諸症状を改善に導くサポート。

ヒーリング効果
ヒーリング（癒やし）効果が高く、リラックス効果も。

細胞の活性化
身体と心を整え、余分な老廃物の排出。
思考もクリアになるため、仕事のお守りとしても。

インスピレーションを高める
目標達成や自己実現など、無限の可能性を与える。

血行促進
滞った血行を改善。 自律神経を整え、コリやむくみ、冷えを解消。

骨つぼセルフケア練習

カメレオンスティックの持ち方

スティックの各部位名称

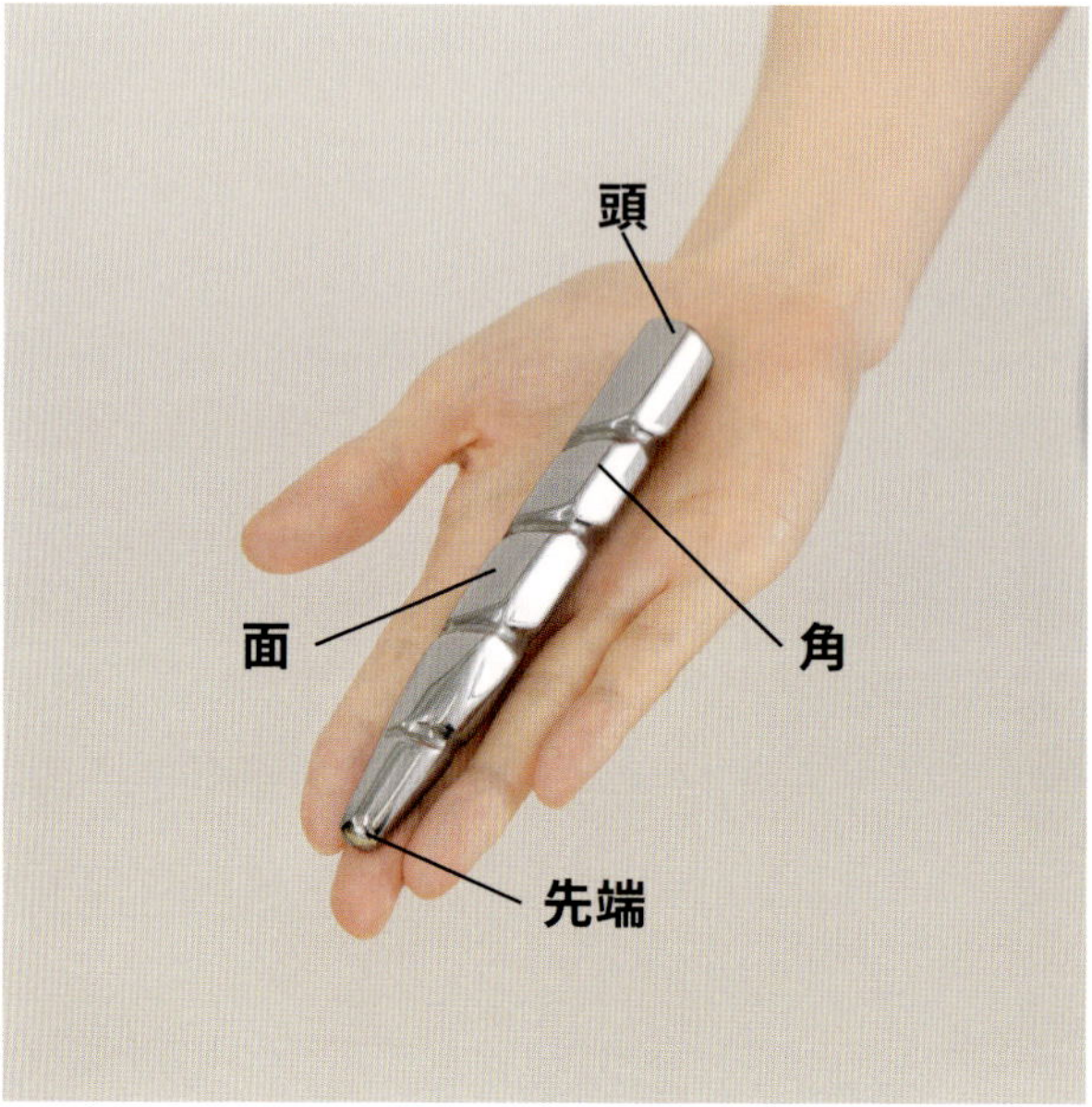

- カメレオンスティックは、手の中央に置きます。テクニックによって、スティックの使用本数が異なります。

- 基本は、スティック側面の「角」で骨つぼを押さえますが、痛いと感じる時は「面」で押さえてもかまいません。

- 骨つぼを押さえるときは、手全体でスティックを支え、指と手の平が押さえる側の皮膚に触れるくらい、優しく包み込みます。

- 指と指の間隔は少し開き、スティックを手の平で保持します。指で持たないように注意してください。

- 手に力が入ったり、疲れを感じた時は、少し手の形を変えてみましょう。

こんなシーンで 骨《ほね》つぼセルフケア

●骨つぼセルフケアには、９つのテクニックがあります。大きくわけて、〈座って行うテクニック〉〈寝ながら行うテクニック〉をご紹介していますが、すべてのテクニックは共通して、寝ながら行うことができます。

●座って行う場合は、身体が安定する姿勢で、椅子の背やソファーにもたれた状態で行ってください。

●セルフケアをするタイミングは、起床直後と就寝前がおすすめです。緊張がほぐれている入浴後や、お仕事や家事の合間など、リフレッシュしたいときやリラックスタイムにもとり入れてみましょう。

骨つぼセルフケア練習

骨《ほね》つぼ基本の押さえ方 3つのステップ

レッスン動画を
Check！

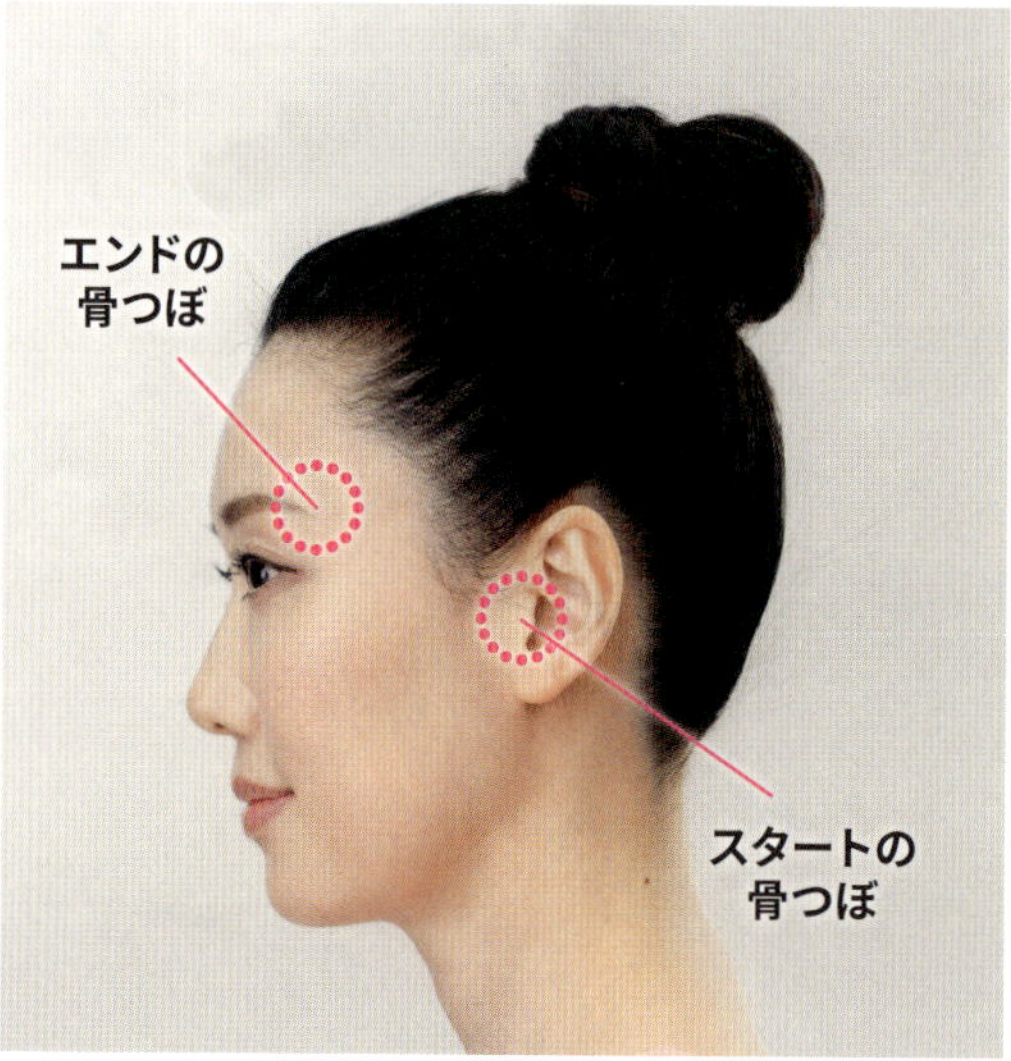

1 骨《ほね》つぼを確認する

各セルフケアでは、複数もしくは1ヵ所の骨つぼを押さえていきます。 複数の骨つぼがあるセルフケアは、始点となる〈スタートの骨つぼ〉、終点となる〈エンドの骨つぼ〉で、骨つぼを押さえる位置と順番を表しています。

骨《ほね》つぼを押さえる時の 10 秒× 3 の法則

弱め 10 秒 キープ

はじめは
弱めの力で
10 秒キープ。

やや強め 10 秒 キープ

次は
やや強めの力で
10 秒キープ。

強め 10 秒 キープ

最後は
強めの力で
10 秒キープ。

左右差がなくなるように バランスを整える意識をしながら、骨を透視する感覚で 押さえてみましょう。

2 骨《はね》つぼを押す

骨つぼを見つけたら **10 秒× 3 の法則**で力を変えてアプローチしていきます（10秒以上行っても構いません）。
※施術時間の詳細についてはQ & Aを参照

3 ゆっくり離す

30 秒経過したら、ゆっくりと力を抜き、カメレオンスティックを身体から離していきます。※すぐにスティックを離すと効果が薄れるため、注意しましょう。

骨つぼセルフケア練習

骨《ほね》つぼの見つけ方

骨《ほね》つぼは、**骨の出っ張り**や、**凹み**に
いくつも存在しています。
スティックの角を
各骨《ほね》つぼのあたりに押しあて
〈痛気持ちいい〉と感じる場所を
探してみましょう。
〈点〉で存在する骨《ほね》つぼを、
カメレオンスティックを使って
〈線〉でアプローチしていく
のがポイントです。

テクニック別ポイント

頭をはさむ

骨つぼセルフケアには、2 本のカメレオンスティックで頭をはさむテクニックがあります。脇は開きすぎず、腕が地面から水平になるようにして**肘の力を使って押す**ようにすると、力が安定的に伝わり効果が高まります。

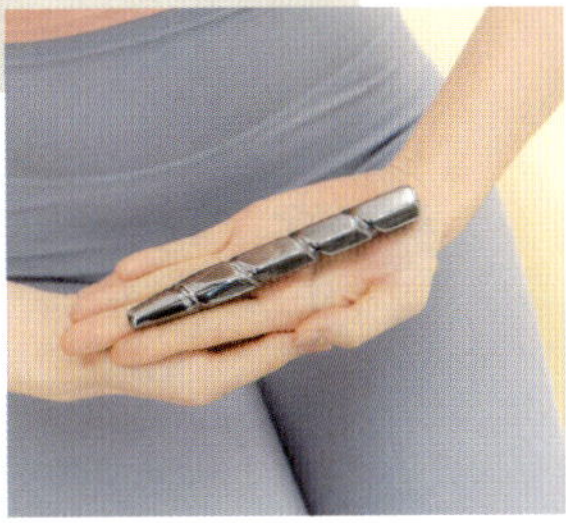

寝ながら骨《ほね》つぼを押さえる

後頭部や首の後ろにある骨つぼを押さえる時は、寝ながら行います。1 本のスティックを片手で持ち、もう片方の手で支えて骨つぼを押していきます。

骨つぼセルフケアでアプローチする

「骨《ほね》つぼ」図鑑

「骨《ほね》つぼセルフケア」でアプローチする9つの骨《ほね》つぼの位置をしっかりイメージすることでよりセルフケアがスムーズに行えるようになります。

顔の幅を小さくする

側頭骨《そくとうこつ》①〜③

頭蓋骨の側面から底部を占めている骨

フェイスラインを引き締める・肩コリ改善

④乳様突起《にゅうようとっき》

側頭骨の後下方部、骨性外耳道の後ろ内側、茎状突起の外側にある円錐状の突起。耳介の後ろ（耳の裏側）

頭を小さくする

⑤頭頂骨《とうちょうこつ》

頭蓋骨 (とうがいこつ) の上壁をなす、左右一体にある四角い皿状の骨

目を大きくする

⑥前頭骨《ぜんとうこつ》

脳頭蓋を形成する骨の一つで、眼窩上部から前頭部に大きく広がる扁平な骨

顔を小さくする・全身の不調を改善

⑦蝶形骨《ちょうけいこつ》

頭蓋底の中央部、鼻腔の後方に位置し、眼窩の後壁を構成する骨

頭を小さくする・肩コリ改善

⑧外後頭隆起《がいこうとうりゅうき》

外後頭隆起は後頭骨の左右中央にできる隆起

頭を小さくする・頭痛改善

⑨ぼんのくぼ

頭と首の左右の筋肉の間にあるくぼみ

①～⑨のすべての骨を丁寧にケアすることが小顔実現の近道です

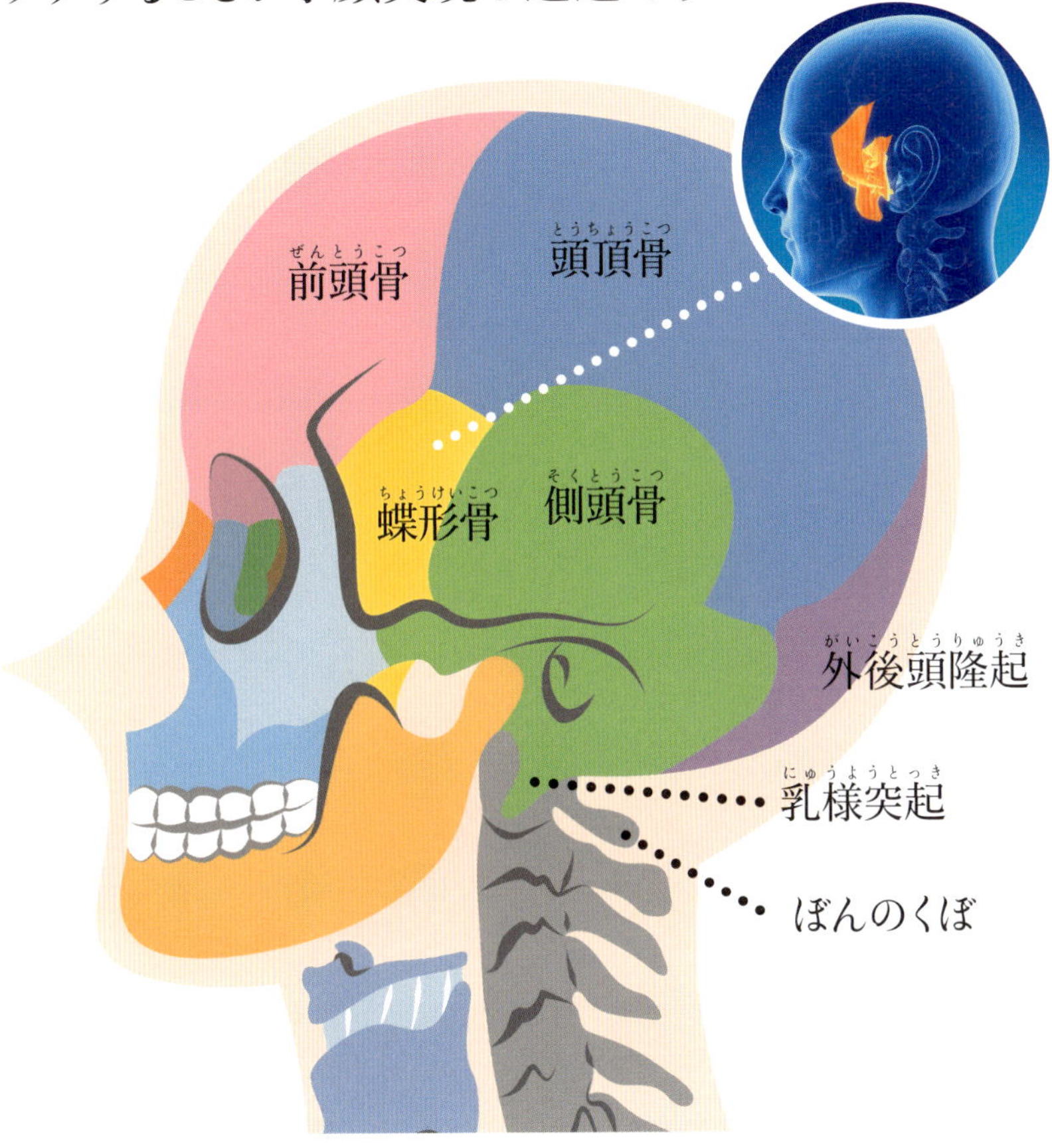

蝶形骨《ちょうけいこつ》を透視する感覚をイメージしながら、一つ一つのセルフケアを丁寧に行うことで、さらに効果がアップします！

四、カメレオンスティックを使った骨《ほね》つぼセルフケア実践

側頭骨①

側頭骨②

側頭骨③

④乳様突起

⑤頭頂骨

⑥前頭骨

⑦蝶形骨

⑧外後頭隆起

⑨ぼんのくぼ

骨《ほね》つぼセルフケアのチェックポイント

骨《ほね》つぼセルフケアを始めると様々な身体の変化に気づくはずです。チェックポイントの変化を意識しながらセルフケアを始めてみましょう。

☐	1	スリーサイズ（頭部のセルフケアだけでもボディまで変わります）
☐	2	バストアップ・ヒップアップ・お腹のスリム化・肩の左右差や猫背 や巻き肩の改善
☐	3	姿勢全体の改善
☐	4	眉毛の位置でのあたま周りサイズ
☐	5	ひたい生え際中央から、鼻の上付け根（眉間くぼみ）までの長さ
☐	6	ひたい右の生え際の角から、左の生え際の角までの長さ
☐	7	耳たぶの下から、顎先端中央までの長さ
☐	8	耳たぶの下から、もう片方の耳たぶ下までのフェイスライン長さ
☐	9	耳珠（じじゅ）前方付け根から、鼻の下付け根経由した、反対側の耳珠までの長さ
☐	10	耳珠（じじゅ）前方付け根から、鼻の上付け根経由した、反対側の耳珠までの長さ
☐	11	ひたい生え際中央から、首の生え際中央までの長さ
☐	12	鼻の下付け根から、顎先中央までの長さ

側《そく》頭《とう》骨《こつ》①

こんなお悩みに

✓フェイスライン　✓頬のたるみ　✓目元のたるみ
✓顎の左右差　✓エラ張り　✓二重アゴ

スタートとエンドの骨つぼ確認

スタートの骨つぼ
耳珠（じじゅ）

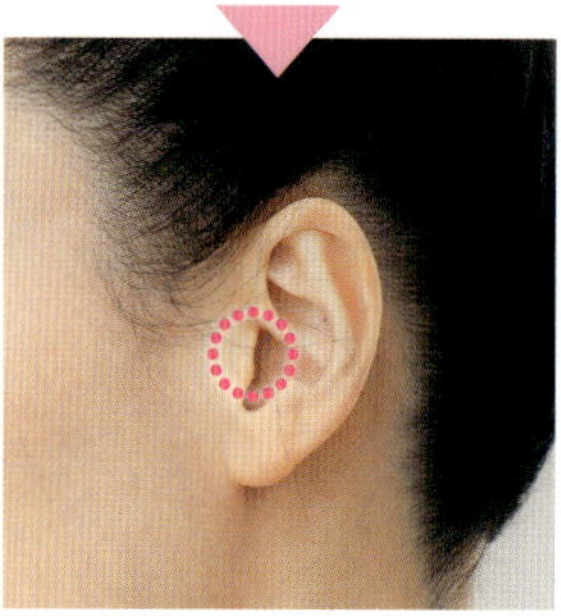

エンドの骨つぼ
眉尻（眉毛の外側の先）

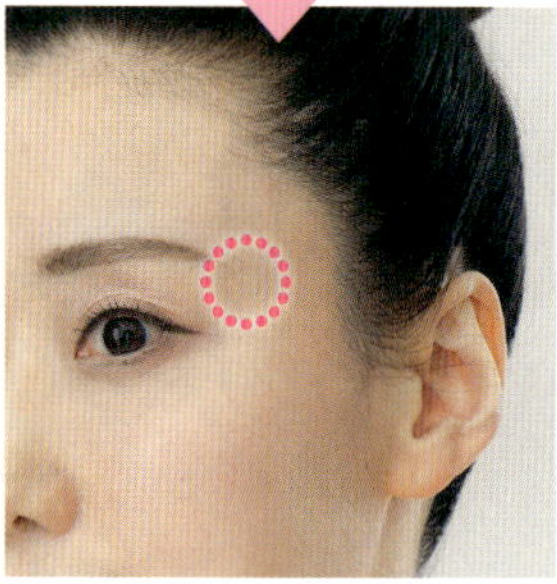

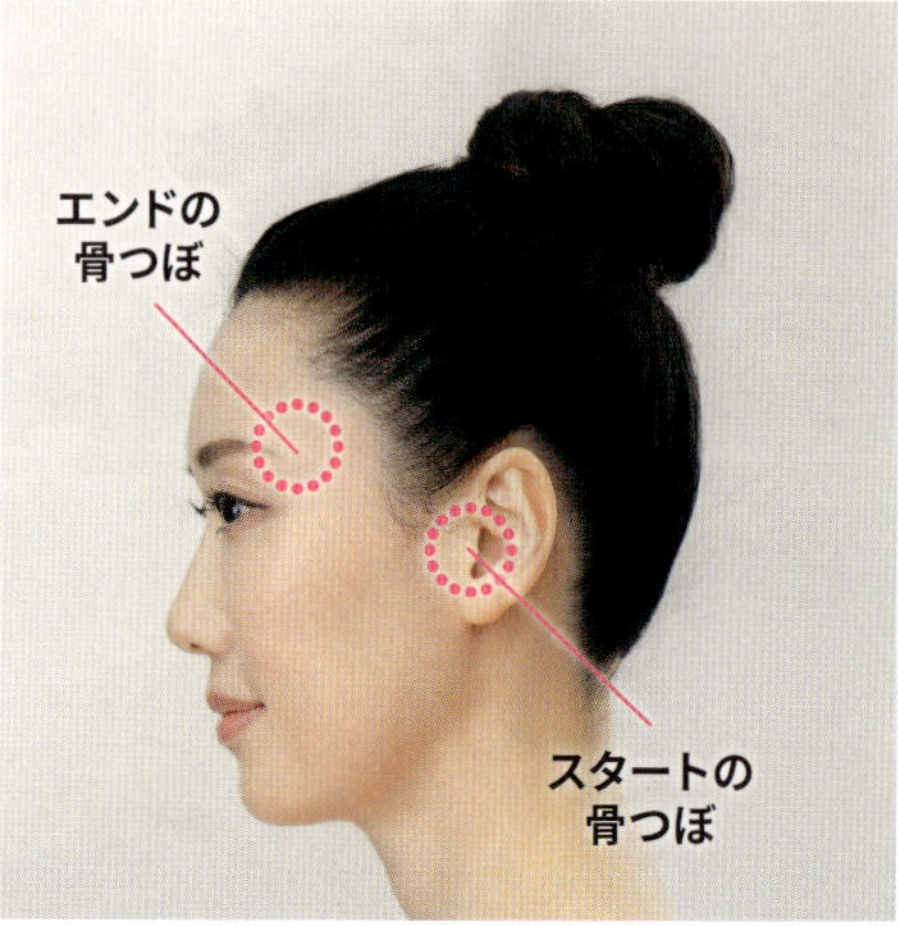

押さえる位置と順番

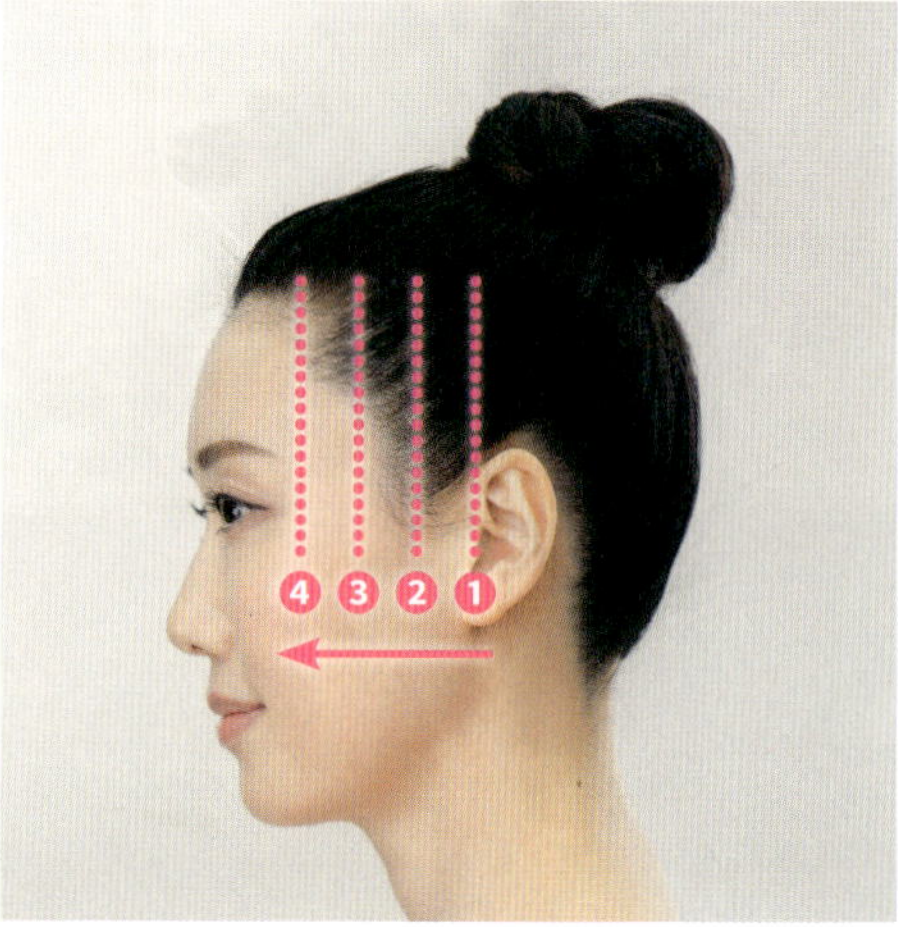

スタートの骨つぼからエンドの骨つぼまで、間隔をあけながら押さえていきます。

1 骨《ほね》つぼを確認して頭をはさむ

カメレオンスティックを両手に持ち、基本の押さえ方に従い、スティックを地面から**垂直**にして〈スタートの骨つぼ〉にあてます。

2 30秒間骨《ほね》つぼを押さえる

10 秒× 3 の法則で、骨つぼを押さえていきます。30 秒経過したら、ゆっくりとスティックを離します。

3 間隔をあけて押さえていく

〈エンドの骨つぼ〉に向かって、間隔をあけて平行に移動しながら、骨つぼを押さえていきます。

レッスン動画をCheck！

側頭骨《そくとうこつ》②

こんなお悩みに

✓フェイスライン　✓頬のたるみ　✓目元のたるみ
✓顎の左右差　✓エラ張り　✓二重アゴ

スタートとエンドの骨つぼ確認

スタートの骨つぼ
耳の付け根上方

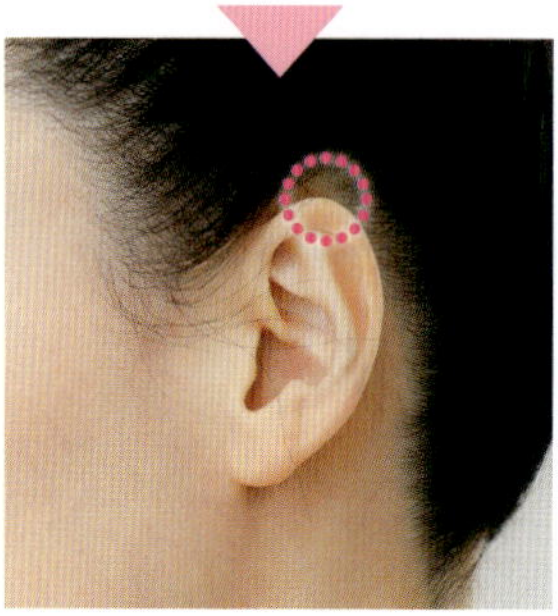

エンドの骨つぼ
眉尻（眉毛の外側の先）

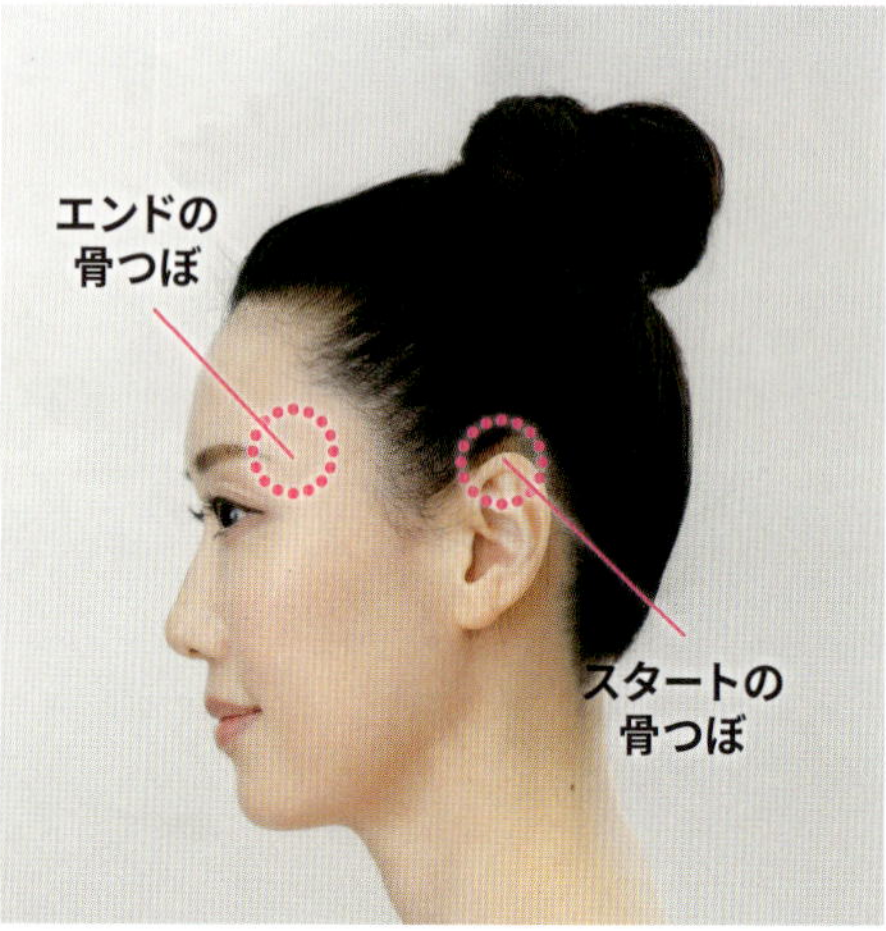

押さえる位置と順番

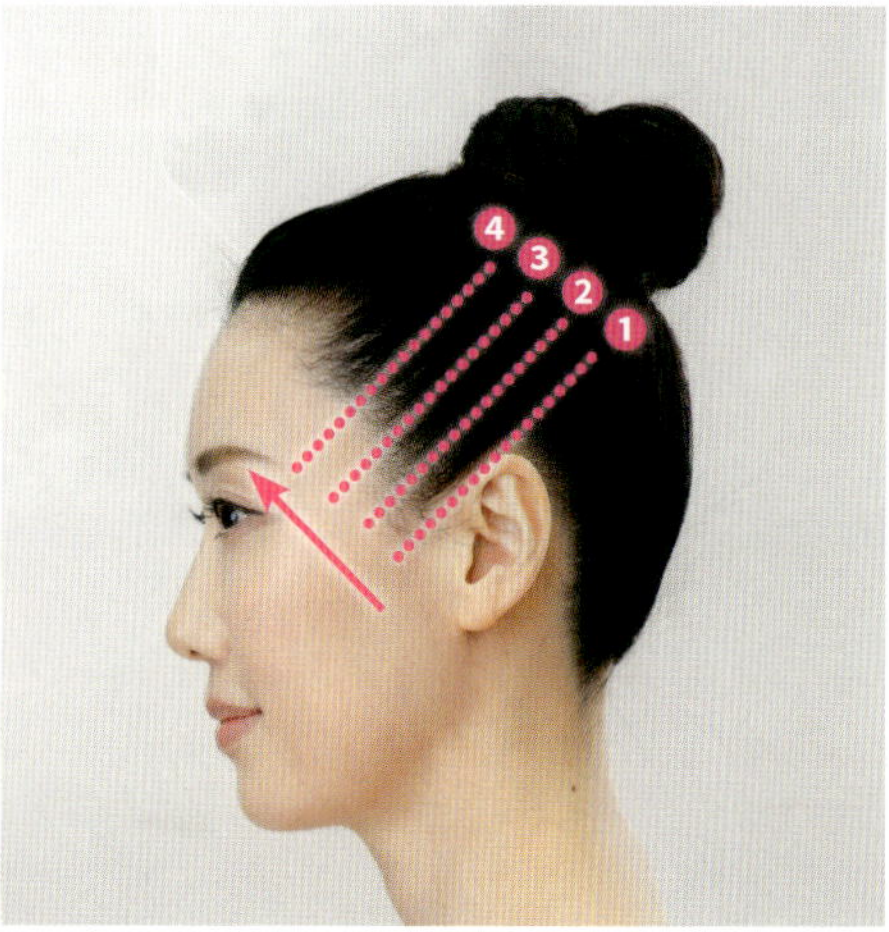

スタートの骨つぼからエンドの骨つぼまで、間隔をあけながら押さえていきます。

1 骨《ほね》つぼを確認して頭をはさむ

カメレオンスティックを両手に持ち、基本の押さえ方に従い、スティックを**斜め 45°C**傾けて〈スタートの骨つぼ〉にあてます。

スティックは、地面から 45°C の角度になるように意識しましょう。

2 30秒間 骨《ほね》つぼを押さえる

10 秒× 3 の法則で、骨つぼを押さえていきます。30 秒経過したら、ゆっくりとスティックを離します。

3 間隔をあけて押さえていく

〈エンドの骨つぼ〉に向かって、間隔をあけて平行に移動しながら、骨つぼを押さえていきます。

強め
10秒
キープ
やや強め
10秒
キープ
弱め
10秒
キープ

レッスン動画を
Check！

側頭骨《そくとうこつ》③

こんなお悩みに

✓フェイスライン　✓頬のたるみ　✓目元のたるみ
✓顎の左右差　✓エラ張り　✓二重アゴ

スタートとエンドの骨つぼ確認

スタートの骨つぼ
耳の付け根上方

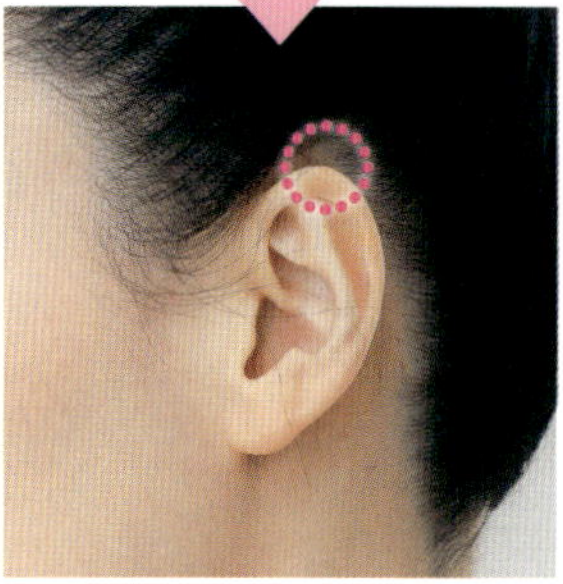

エンドの骨つぼ
側頭部の角

押さえる位置と順番

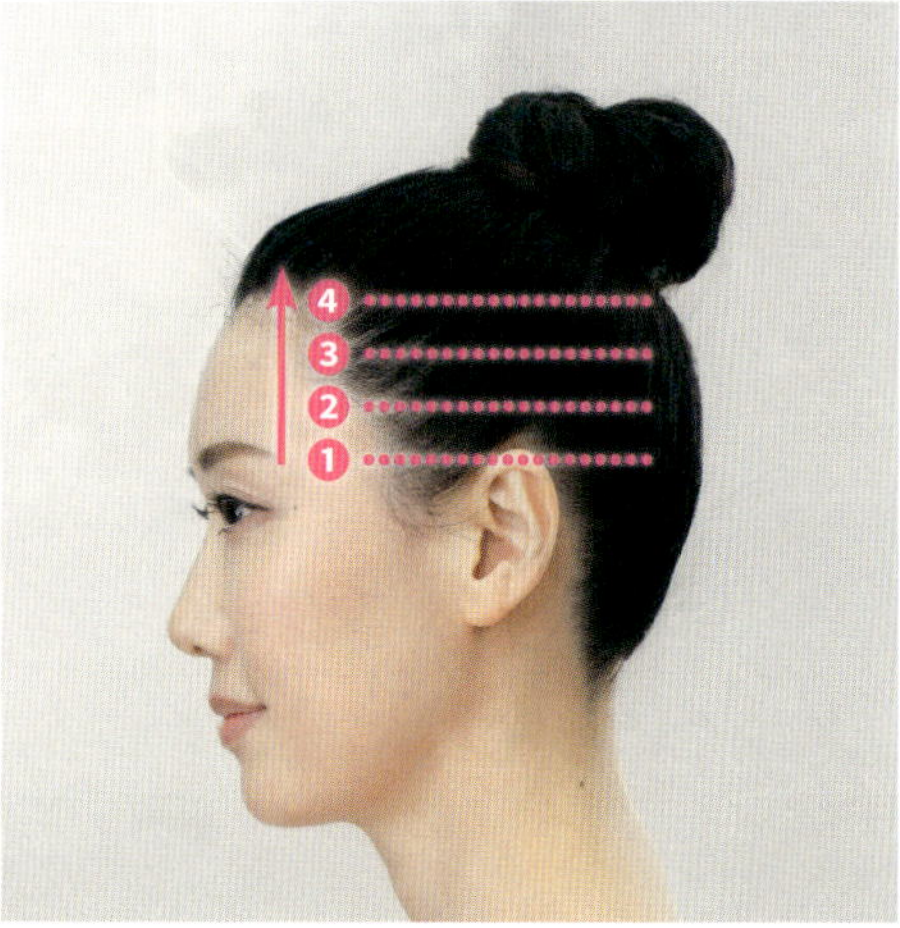

スタートの骨つぼからエンドの骨つぼまで、間隔をあけながら押さえていきます。

1 骨《ほね》つぼを確認して頭をはさむ

カメレオンスティックを両手に持ち、基本の押さえ方に従い、スティックを**水平**にして〈スタートの骨つぼ〉にあてます。

2 30秒間 骨《ほね》つぼを押さえる

10 秒× 3 の法則で、骨つぼを押さえていきます。30 秒経過したら、ゆっくりとスティックを離します。

3 間隔をあけて押さえていく

〈エンドの骨つぼ〉に向かって、間隔をあけて平行に移動しながら、骨つぼを押さえていきます。

レッスン動画を
Check！

骨《ほね》つぼセルフケア応用編

ここからご紹介する骨《ほね》つぼは、レッスン動画で詳しくご紹介しています。カメレオンスティックを手に入れて、あなたも骨《ほね》つぼセルフケアのマスターになりましょう。

応用編のレッスン動画はカメレオンスティック購入者限定公開になります。動画を観るには ユーザー登録と購入者専用パスワードの入力が必要です。

レッスン動画をCheck！

骨つぼセルフケア実践④

④乳様突起《にゅうようとっき》

こんなお悩みに

✓フェイスライン　✓頬のたるみ　✓目元のたるみ
✓顎の左右差　✓エラ張り　✓二重アゴ

乳様突起の骨つぼ

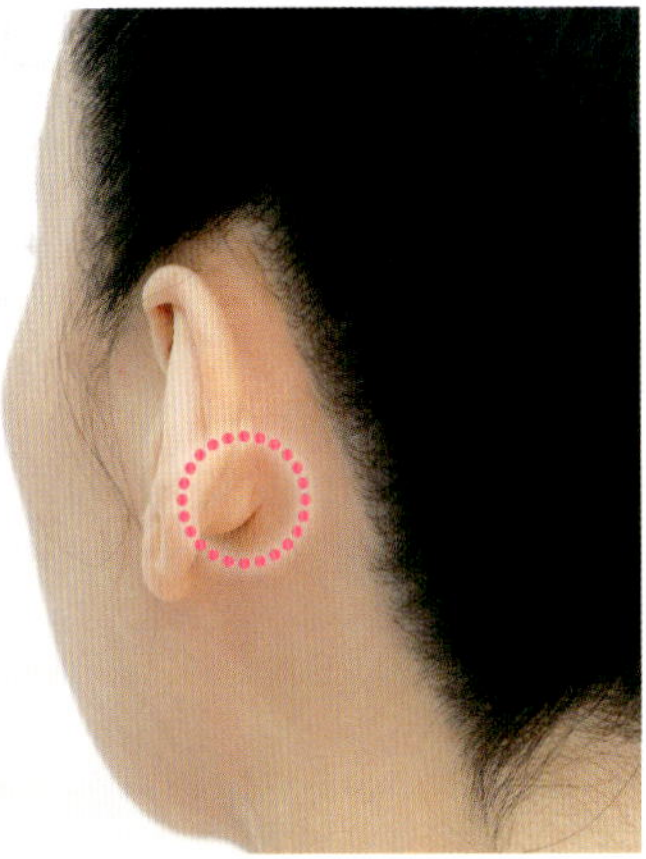

骨つぼセルフケア実践⑤

⑤頭頂骨《とうちょうこつ》

こんなお悩みに

✓頭痛　✓首コリ　✓肩コリ　✓頭部の歪み
✓全身の歪み

頭頂骨の骨つぼ

骨つぼセルフケア実践⑥

こんなお悩みに

✓顔のたるみ　✓目元のハリ　✓目の開き

⑥前頭骨《ぜんとうこつ》

前頭骨の骨つぼ

骨つぼセルフケア実践⑦

こんなお悩みに

✓全身の歪み　✓全身の不調　✓目元のハリ
✓眼瞼下垂　✓鼻の歪み　✓顔の左右

⑦蝶形骨《ちょうけいこつ》

蝶形骨の骨つぼ

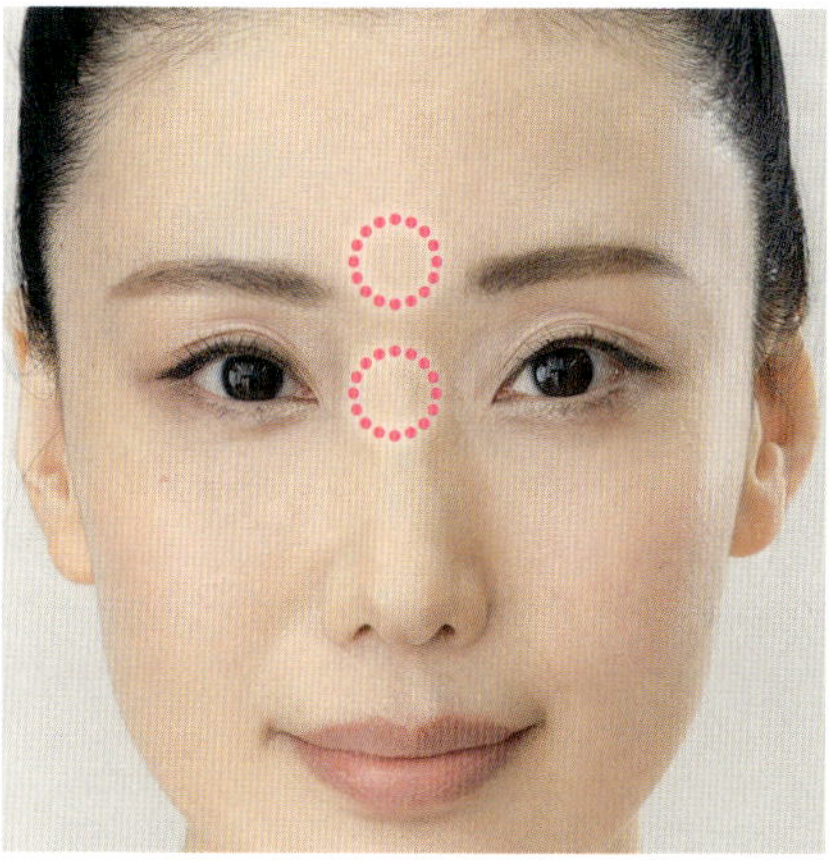

骨つぼセルフケア実践⑧

こんなお悩みに

✓体幹の歪み　✓首が太く短い　✓頭痛
✓首コリ　✓肩コリ

⑧外後頭隆起《がいこうとうりゅうき》

外後頭隆起の骨つぼ

骨つぼセルフケア実践⑨

こんなお悩みに

✓体幹の歪み　✓首が太く短い
✓頭痛　✓首コリ　✓肩コリ

⑨ぼんのくぼ

ぼんのくぼの骨つぼ

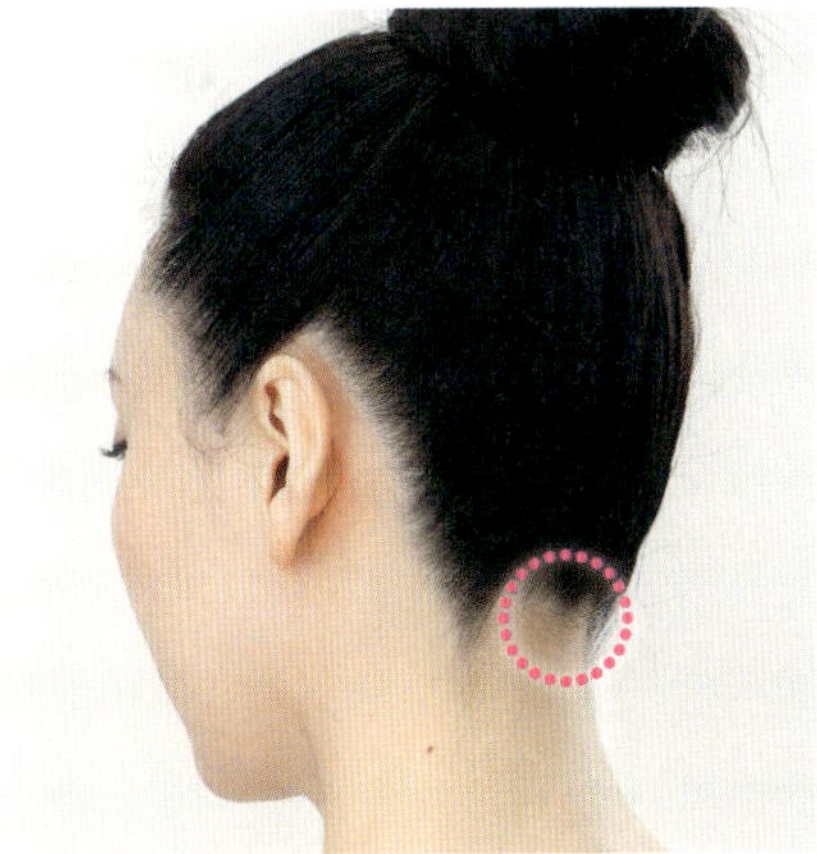

―Q&A　よくある質問―

Q　どのくらいの時間をかければ効果がありますか？

A　1つの骨《ほね》つぼを30秒から2分を目安に、気になる骨《ほね》つぼをケアするだけでも効果がありますが、9つの骨《ほね》つぼをまんべんなくケアするのがもっとも効果的です。骨《ほね》つぼセルフケア前にリラックスした状態で、足裏トリートメントやグラウンディング瞑想を丁寧に行うことで一層効果が出やすくなります。

Q　毎日やらなくても効果は出ますか？

A　週に数回やるだけでも効果はありますが、最初の5日間は毎日継続をすると、骨が動きやすくなるのでおすすめです。

Q　セルフケアにかける時間に限度はありますか？

A　9つの骨《ほね》つぼセルフケアは、1回あたり1時間までを限度とし、1日朝と晩の2時間までを目安にしてください。1日の中で複数回（30分を朝・昼・晩など）行ってもよいですが、必ず4時間以上間隔を空けるようにしてください。

Q　どのくらいの力で骨《ほね》つぼを押さえればよいですか？

A　骨《ほね》つぼを押さえるときは、弱め・やや強め・強めという〈3段階の力〉で加減をつけます（P43参照）。もっとも強い力で押さえるときは「痛気持ちいい」と感じるくらいの力を意識してください。慣れてくるまでは〈やや強め〉の力で押してください。

Q　どのくらい続ければ効果が出ますか？

A　期待する効果やケアにかける時間にもよりますが、目の開きやたるみ改善などは、はじめてのケアを行った直後から感じられる人もいます。10日間続けていただくと、目に見えて変化が表れてきます。10日間以上継続するとさらに効果が上がります。

Q　側頭骨の骨《ほね》つぼセルフケアだけでも効果は出ますか？

A　側頭骨だけでも効果はありますが、9つの骨《ほね》つぼにアプローチすることで、頭蓋骨全体の骨《ほね》つぼが整いますので、すべての骨《ほね》つぼをケアするのがもっとも効果的です。

Q　骨《ほね》つぼセルフケアは、カメレオンスティックなしでもできますか？

A　骨《ほね》つぼセルフケアは、カメレオンスティックを使用することを前提に開発されたメソッドです。他のツールで代用したり、手で行うことは、効果が期待できないだけでなくリスクを伴いますのでおやめください。

Q&A よくある質問

Q 痛いのが苦手です。力を入れなくても効果はありますか？

A 痛みを我慢して骨《ほね》つぼを押さえる必要はありません。押さえる力の強弱によっても個人差はありますが、少し押さえるだけでも効果は期待できます。スティックで骨《ほね》つぼをおさえると、痛みを感じる前に、必ず「気持ちいい」と感じられるポイントがありますので、それを意識して続けていただくと目に見える効果が感じられるはずです。

Q 骨《ほね》つぼセルフケアをするのに効果的なタイミングはありますか？

A 起床直後、就寝前がもっとも効果的です。詳しくはＰ41をご覧ください。

Q つぼ押しなど、骨《ほね》つぼセルフケア以外でカメレオンスティックを使ってもいいですか？

A スティックは、本書でご紹介している骨《ほね》つぼセルフケア（瞑想を含む）専用に開発していますので、ご紹介しているセルフケア方法以外での顔、頭部などへの使用は行わないようにしてください。誤った使い方をしますと、逆に骨が歪《ゆが》むおそれがあります。

Q カメレオンスティックは、金属アレルギーでも使えますか？

A スティックの素材（テラヘルツ鉱石）は、金属とは違い、純度の高いケイ素からできている人工の鉱石ですので、金属アレルギーの方にも安心してご使用いただけます。

Q 妊娠中でも問題ありませんか？ その他にも、使用制限があれば教えてください。

A 妊娠中のご使用はご遠慮ください。歯列矯正中の方は、マウスピースやワイヤーなどが小顔ケアにより合わなくなってしまう恐れがありますので、歯列矯正終了後のケアをお勧めします。また、産後・授乳中、術後、ステンレス、クリップ、インプラントなどをご使用している方は、かかりつけ医にご相談ください。

Q 皮膚へのダメージや健康への心配はないですか？

A 一定数のモニターさまに使用していただき、今までに皮膚へのダメージや健康問題の報告はなく、安全の確認がとれています。万が一、気になる症状が出た場合は使用を中止し、かかりつけ医にご相談ください。

骨《ほね》つぼセルフケア体験者の声

カメレオンスティックで「骨《ほね》つぼ」を押さえるだけでみるみる変わる！

骨の歪《ゆが》みや不調を改善する
「骨《ほね》つぼ」にアプローチして
骨を整えていくセルフケアです。

骨つぼセルフケアを２年間続けた結果

After

小顔効果
＋
美容効果

- ✓二重アゴ改善
- ✓左右差改善
- ✓姿勢改善
- ✓リフトアップ
- ✓アンチエイジング
- ✓エラ張り改善
- ✓たるみ改善
- ✓ほうれい線改善
- ✓目が開きやすくなる
- ✓眼瞼下垂改善

骨つぼセルフケアの改善効果

誰でも簡単　小顔&若返り　効果は長期間持続

Before

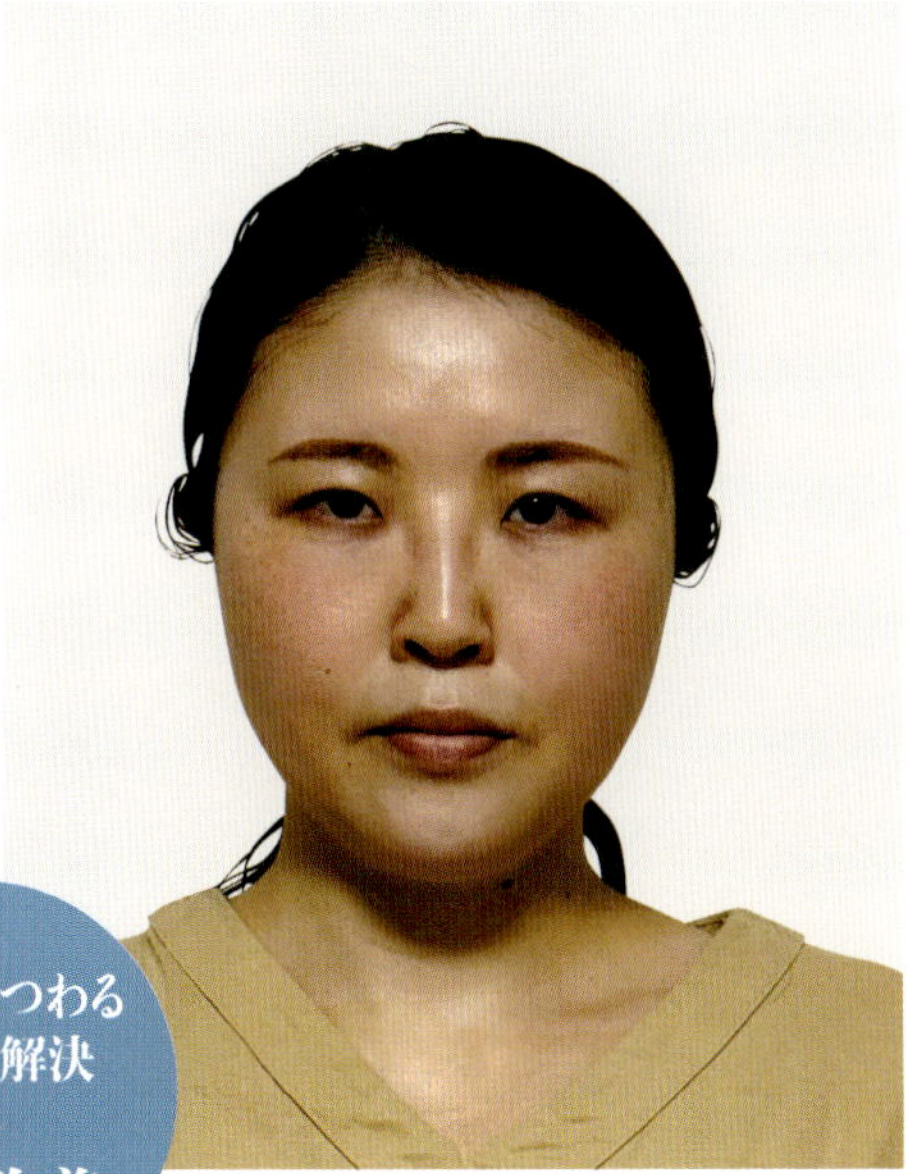

美容にまつわる
お悩み解決
＋
不調改善

- ✓ 全身の不調
- ✓ 眼精疲労
- ✓ 脳疲労
- ✓ ホルモン異常
- ✓ 偏頭痛
- ✓ 免疫力低下
- ✓ 全身のコリ
- ✓ 思考低下
- ✓ 情緒不安定
- ✓ 顎関節症
- ✓ 肌荒れ
- ✓ アトピー

悩みだった「顔の左右差」が、10日間で改善しました

10日目

改善！

まぶたの左右差

フェイスライン

美肌

K・Tさん　40代

セルフケアを終えて

✓ 蝶形骨へのアプローチによって、顔や首の歪みが整い、10日目には顔の左右差が改善され、ほぼシンメトリーになっていることがわかります。

セルフケア後の感想

顔の変化だけでなく、メンタルが安定して思考がすっきりしました！

日頃、子育てに家族の介護、夜間勤務に追われ、コンビニ弁当を食べることが多く、寝付きが悪い日が続いていました。セルフケアをはじめてから、野菜が美味しく感じられるようになり、外食や脂っこいものを欲しなくなりました。食生活と睡眠が安定し、PMS（生理前）の症状もなくなり、メンタルも安定した気がします。何より、思考がとてもクリアになったことにも驚きました！

骨つぼセルフケア体験者の声

Before

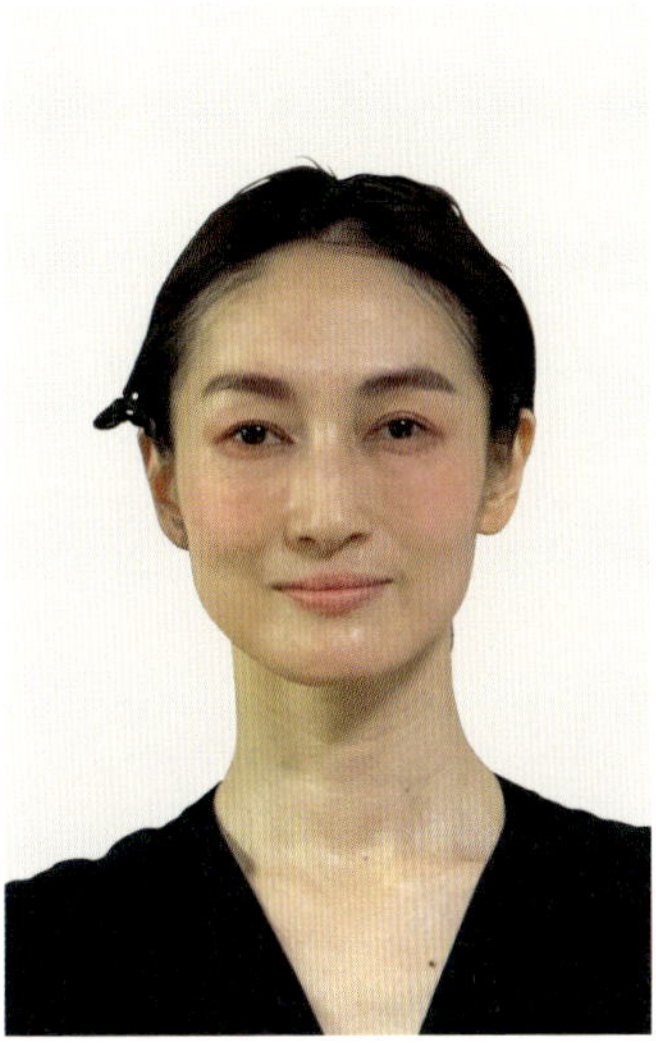

5日目

セルフケア前のお悩み

気になるお悩み:　✓顔の長さ　✓目の左右差　✓肌質（乾燥肌・他）

フィジカル

- 目の開き
- まぶたの左右差
- 顔の左右差

メンタル

- 食欲不振
- PMS（月経前の不調）

顔・首・鎖骨の左右差は、全身の歪みのサイン！

Before の写真を見ると、K・T さんは首が右手前に倒れ、鎖骨まで下がっていて、顔や目の開きにも左右差が見られます。これらは全身の歪みが原因です。このような悩みがある方は、蝶形骨の骨つぼを重点的にケアしましょう。

思考力・集中力が増幅！ 睡眠の質が高まりました

10日目

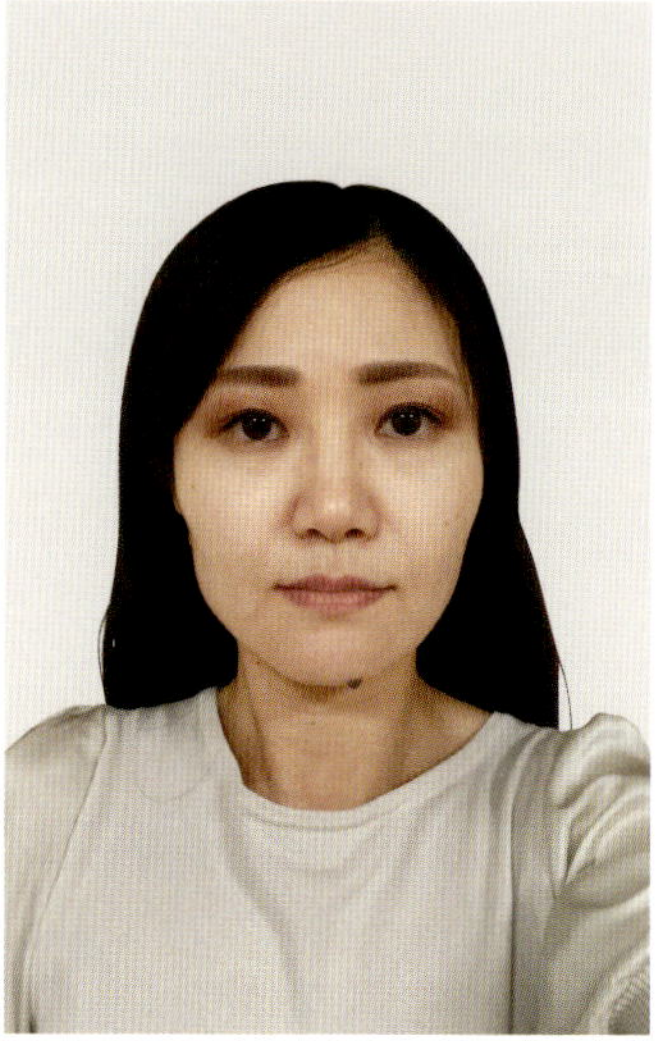

改善！

顔の凹凸が軽減

ほうれい線改善

化粧ノリアップ

M・Oさん　30代

セルフケアを終えて

✓ 頭部にかけての緊張による顔の凹凸やアゴの左右差が改善し、アゴはシャープに、エラも小さくなりました。ほうれい線も薄くなり、優しい表情に。

セルフケア後の感想

頭のコリが解消し、夜ぐっすり眠れるように！
まわりの人からも気づいてもらえるほど、
うれしい変化がありました。

セルフケアをはじめて驚いたのは、朝まで目覚めずに安眠できるようになったことです。思考もクリアになり、仕事中の集中力が高まってきた感覚がありました。顔まわりの変化としては、シワが薄くなり、メイクのノリがよくなったことです。知人から「肌がトーンアップした」といわれてうれしくなりました。セルフケアをはじめて10日目には、頭の大きさが小さくなっているのを実感しました。

骨つぼセルフケア体験者の声

Before

5日目

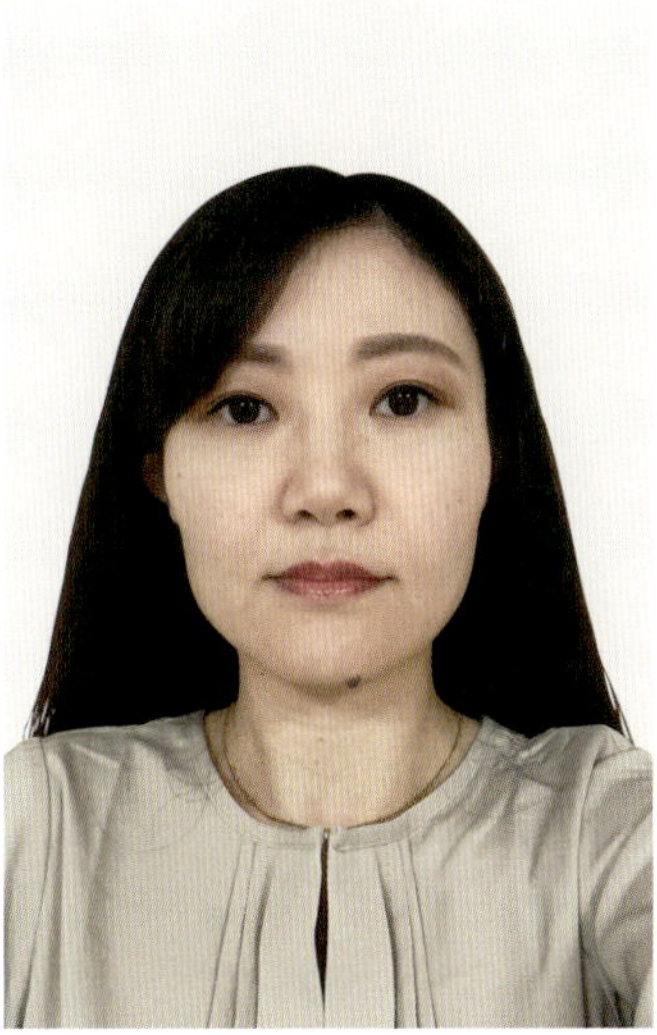

セルフケア前のお悩み

気になるお悩み：　✓アゴの歪み　✓化粧ノリ　✓顔の左右差

フィジカル
- 眠りが浅い
- 頭のコリ

パフォーマンス
- 思考力が持続しない
- 集中力が途切れやすい

顔まわりのお悩みは、頭部の歪みと関係しています。顔全体の凹凸感やアゴの歪みは、頭の筋肉が緊張して硬直して表れる現象で、睡眠障害や思考力や集中力の低下にも繋がりがあります。側頭骨まわりの骨つぼにアプローチすると、凝り固まった筋肉が緩んでいきます。

体がしなやかになり、ヨガのポーズが進化しました！

10日目

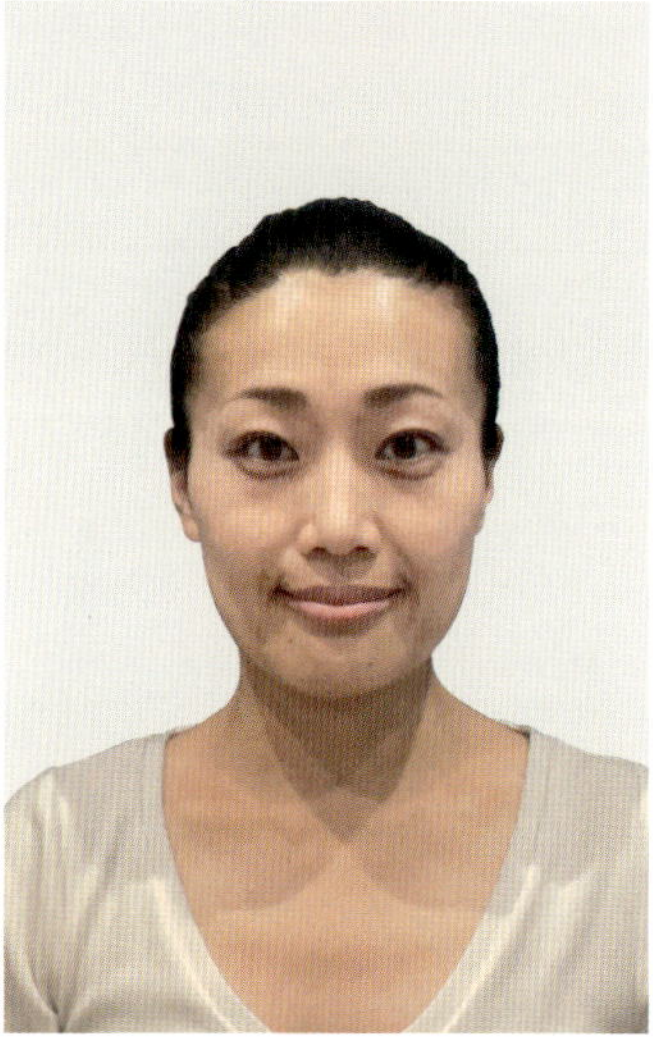

改善！

フェイスライン

顔の長さ短縮

体幹バランス

A・Bさん　40代

セルフケアを終えて

✓ セルフケアによって、左右差が見られた鎖骨がシンメトリーとなったことがわかります。輪郭もシャープになり、頬が引き締まるだけでなく、目や口の位置も整いました。

セルフケア後の感想

顔まわりの変化だけでなく、全身の歪《ゆが》みまでもが整い、驚きました！　ヨガのポーズにも、嬉しい変化が。

最初は骨つぼを押さえるときに痛みがありましたが、徐々に痛みはなくなり、数日で顔全体がリフトアップ！　10日目にはフェイスラインがシュッと引き締まっていました。ヨガをするときに左足がうまく上がらないポーズがあったのですが、セルフケア中に格段に上がるようになり、頭部の骨つぼだけで全身にも効果を感じて驚きました。瞑想もさらに深くできるようになった気がします。

骨つぼセルフケア体験者の声

Before

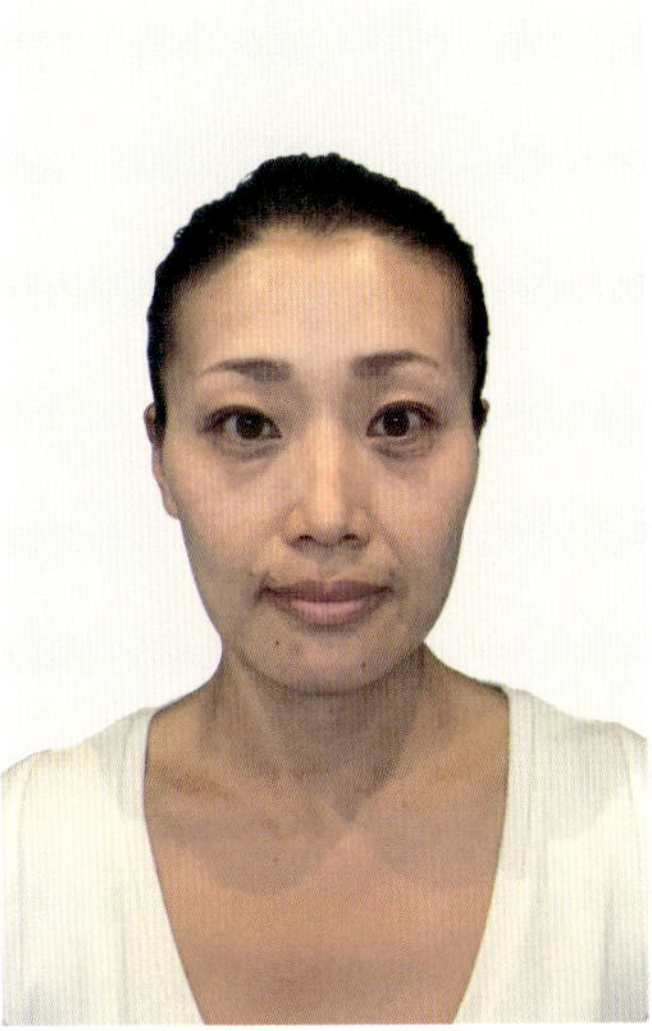

5日目

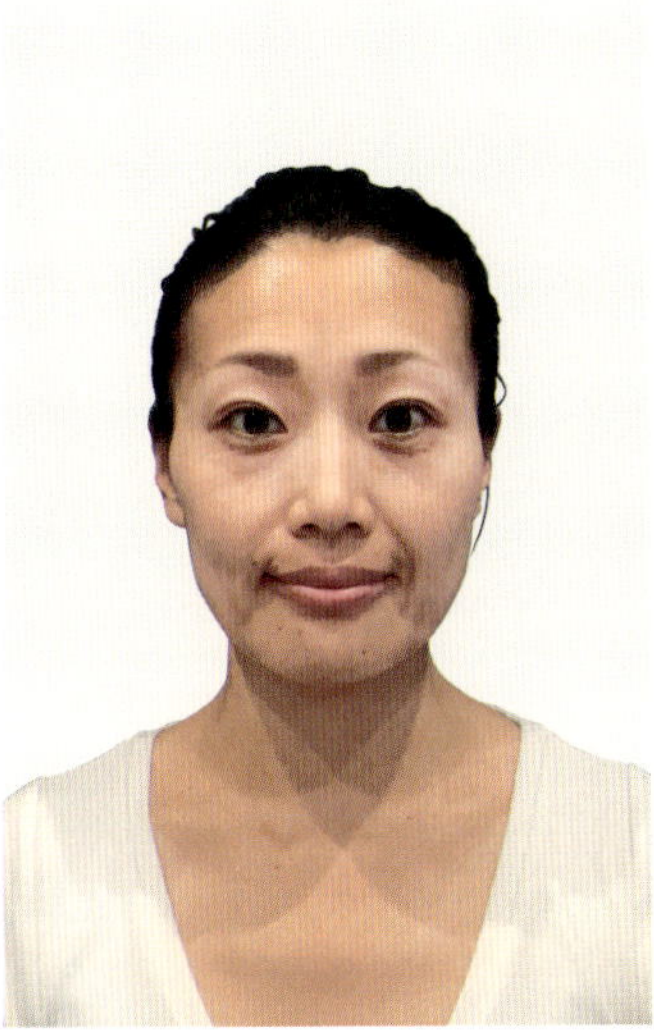

セルフケア前のお悩み

気になるお悩み： ✓頬のたるみ ✓顔の左右差 ✓身体の左右差

フィジカル
- 頭部のむくみ
- 顔のむくみ
- 顔のパーツが 離れている

ヨガ
- 身体の左右差
- 体幹バランス

鎖骨の左右差＝頭部・全身が歪んでいるサイン！

Beforeは、鎖骨のラインに左右差が確認できます。鎖骨は、頭蓋骨や下顎骨と繋がっている場所であり、ここが歪んでいると、蝶形骨から身体全体の歪みにも繋がります。蝶形骨へのアプローチで、全身を整えていきましょう。

アトピー症状が改善しました！

鼻筋　美肌　メンタル改善

R・Iさん　20代

Before

5日後

10日後

セルフケア前のお悩み

気になるお悩み：

✓顔のたるみ ✓顔の左右差 ✓身体の左右差

フィジカル

- アトピー性皮膚炎
- 湿疹、かゆみに悩んでいる

メンタル

- ネガティブ思考
- 寝る前に落ち込みやすい

セルフケア後の感想

✓ 歪みが顕著に直っていると感じたのは、鼻筋です。続けるうちに徐々に肌質が改善してきて、10日目には首のかゆみが引き、肌が綺麗になっていました。セルフケア前の瞑想は、明らかに脳が活性化しているのを感じ、寝る前の落ち込みやすさがなくなり、安眠できるようになりました。

骨つぼケアによってアトピーが緩和した事例は数多く存在します。蝶形骨が整い、脳エラーや脳下垂体が安定したのでしょう。前頭骨と蝶形骨が深く関係している鼻筋がまっすぐになった変化は、それらの骨つぼが整った証拠です。

骨つぼセルフケア体験者の声

疲れ顔の悩みが解消しました！

たるみ改善　目の開き改善　トーンアップ

E・Oさん　30代

Before

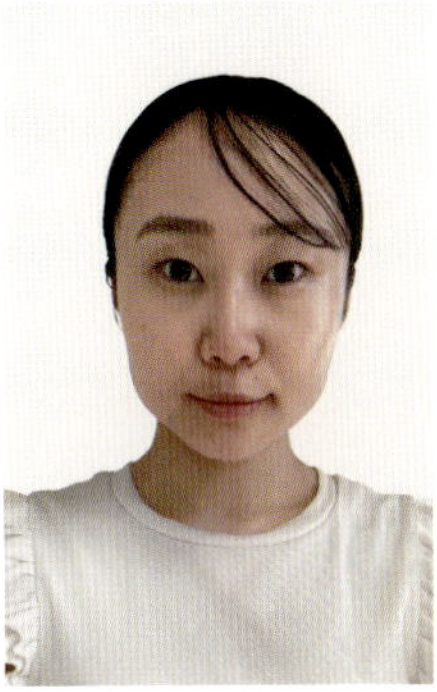

5日後

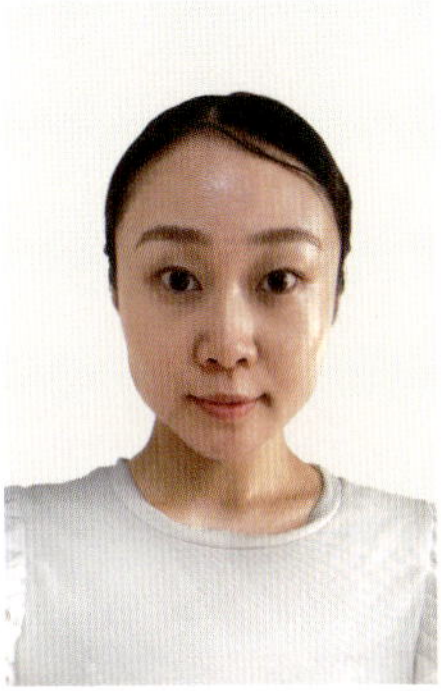

10日後

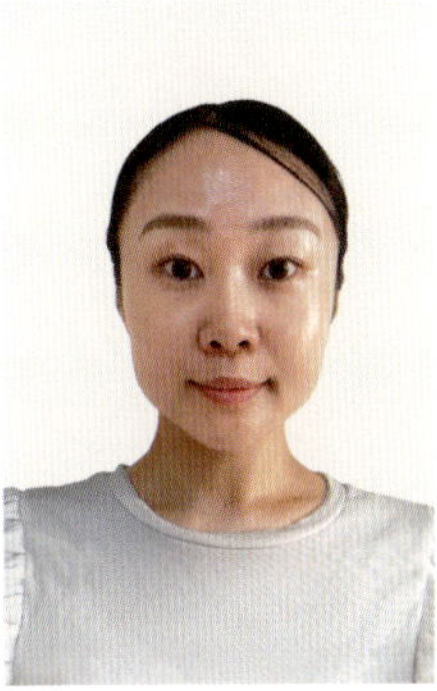

セルフケア前のお悩み

気になるお悩み：

✓むくみ ✓くすみ ✓頭の大きさ

フィジカル

・疲れると顔全体がむくむ
・加齢に伴って顔と頭のサイズが大きくなっている

メンタル

・日々仕事で忙しく呼吸が浅い
・気持ちに余裕がない

セルフケア後の感想

✓ 顔のむくみは5日間で解消し、10日後には顔と頭が小さくなっていることを実感。目の開きや肌質も改善したことは驚きました。朝晩30分自分をいたわる時間がとれて、本来の自分に戻った感覚があり、メンタル面にも効果を感じました。

鼻柱が長く面長な印象と、フェイスラインの下崩れを引き起こしている状況が見受けられましたが、額の前頭骨が引き締まり、自然と目が開き、輪郭もシャープな角度になりました。鼻筋も短くなり、重心が上がりリフトアップ効果が見られます。

ヒーリングパワーが増大しました！

むくみ改善　面長改善　たるみ改善

S・Mさん　50代

Before

5日後

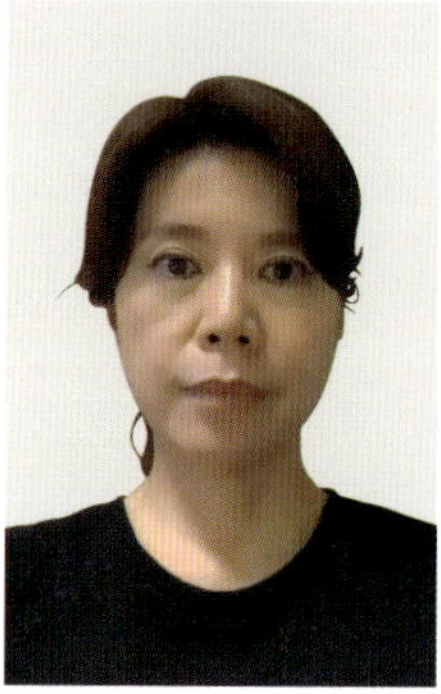

10日後

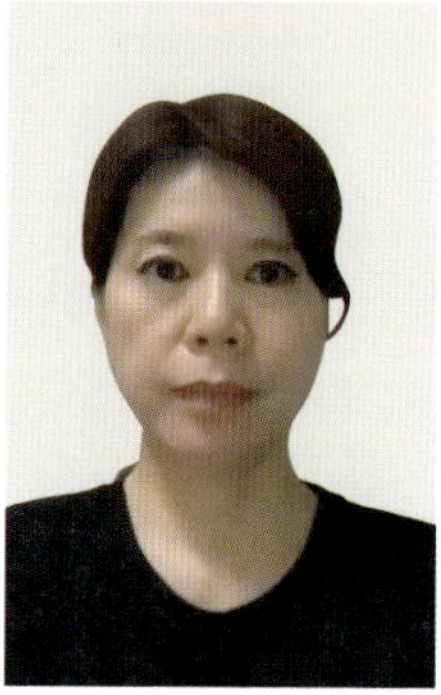

セルフケア前のお悩み

気になるお悩み：

✓むくみ ✓顔のたるみ ✓フェイスライン

フィジカル

・加齢にともない
・顔のむくみが気になる
・顔の長さ

メンタル

・ヒーリングの仕事をさらにパワーアップしたい

セルフケア後の感想

✓むくみの改善と美肌効果を実感。まわりから「小顔になった」と言われることが増え、鏡を見て顔の長さが短くなったことが明らかにわかりました。スピリチュアルヒーリング中にお客様に触れる際には、以前よりも「手が熱くなった」と言われるように。感覚が研ぎ澄まされていることも実感できています。

はじめは、肩のラインに左右差が出ていることから身体全体の歪みが顔に表れている状態ですが、10日後には顔も肩もシンメトリーになっています。目・鼻・口の輪郭にもメリハリが出たようです。蝶形骨が整うとホルモンバランスも改善するため、美肌やリフトアップ効果も見られます。

骨つぼセルフケア体験者の声

呼吸がとても楽になりました！

疲れ目改善　目の左右差改善　肌質改善

S・Mさん　40代

Before

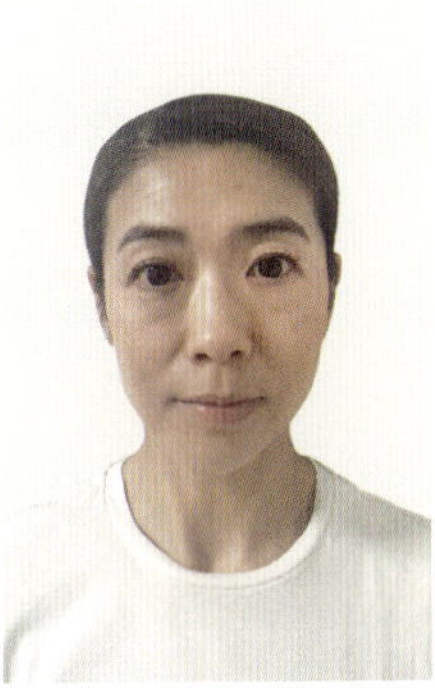

5日後

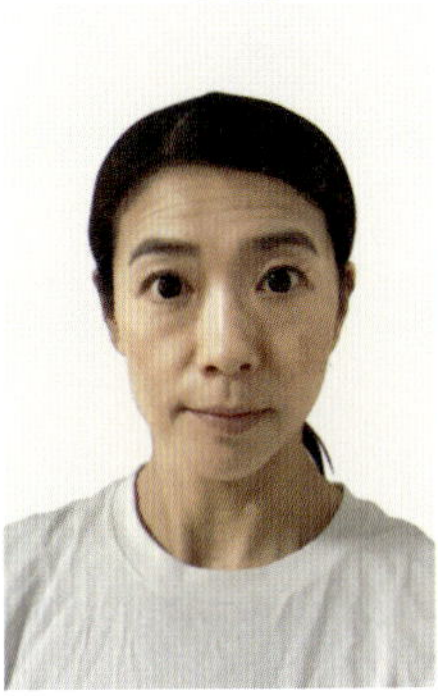

10日後

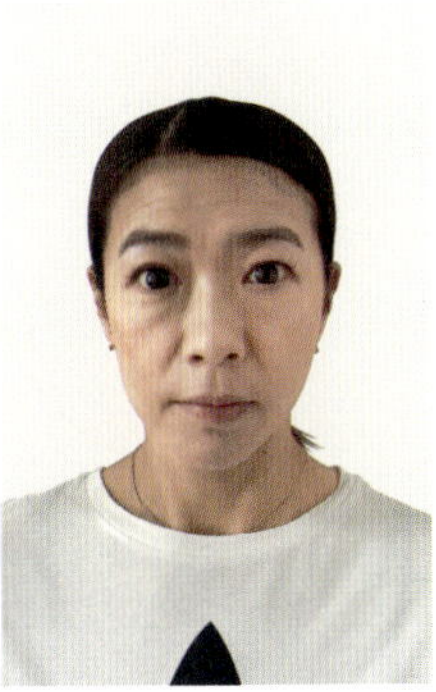

セルフケア前のお悩み

気になるお悩み：

✓呼吸がしにくい ✓目の疲れ ✓気分のムラ

フィジカル
- 呼吸がしにくい
- 眼精疲労がある

メンタル
- 暑いときにやる気がでない

セルフケア後の感想

✓ セルフケアをはじめて、まず呼吸がしやすくなっていく感覚に驚きました。10日目にははっきりと顔が小さくなり、目も開きやすくなりました。私は日頃から瞑想をしているのですが、頭頂部から恥骨までのチャクラを意識するようになって全身のバランスがとれるようになった気がします！

左右の目の高さに差が出ていることは、蝶形骨の歪みの象徴です。また、呼吸は蝶形骨と密接な関係にあり、鼻の歪みや目の左右差がシンメトリーに整うと、呼吸も楽になります。頭頂骨のケアで脳全体の機能が活性化し、目がいきいきと輝き、肌がトーンアップしたものと思います。

セルフケアで
目が大きく開くようになりました！

本書の撮影をきっかけに、骨《ほね》つぼセルフケアをはじめたモデルＮａｔｓｕｋｉさん。小顔だけでなく、肉体からマインドの変化にいたるまで、体感した効果をお聞きしました。

モデル　Natsuki さん

「骨つぼセルフケアは、見た目だけではなく、メンタルや心の状態にも、驚くほどポジティブな効果を感じます。セルフケア前のエクササイズも、骨つぼを押さえるステップも、コツさえつかめばとても簡単なので、すぐに毎日のルーティンとして生活の中にとり入れられ、継続しているうちに強く押さなくても体感が得られるようになったことも、うれしいポイントでした」

骨つぼセルフケア体験者の声

骨《ほね》つぼセルフケア 10日間の変化

パソコンやスマホ操作などをしていると、目が疲れやすく、疲れが顔に出ることが悩みでした。5日間継続した時点で、かなり目が大きくなってきていることに気がつきました。肌質も改善し、仕事が忙しいときも疲れが顔に出にくくなりました！

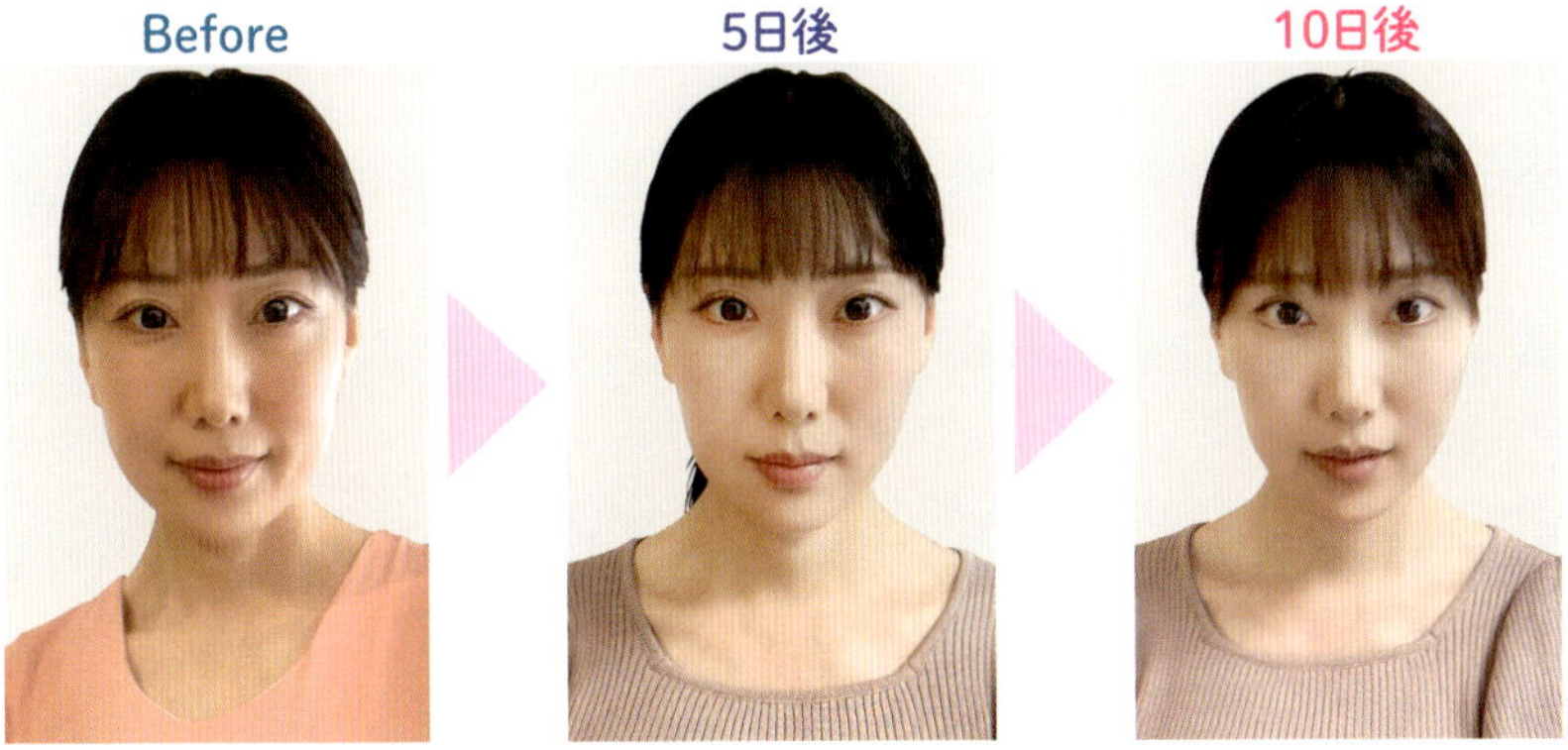

目の酷使は蝶形骨の歪みに繋がります。思考低下や目が開きにくくなるといった症状を引き起こすことも。お仕事の合間や目を酷使する合間に骨つぼセルフケアをこまめに行えば、症状悪化の予防ができます。蝶形骨はホルモンバランスとも関係しているので、美肌効果にも期待できますよ。

メンタル

骨つぼケアを起きがけや仕事の合間に行うと、頭がとてもスッキリすることに気がつきました。電磁波の影響を受けた脳や体を、クリアリングしてくれているような感覚もありました。ケアのあとは、気だるさが抜け、行動力や集中力にもプラスの効果を感じました。

Natsuki' s Recommend Review

スティックの重厚感がお気に入り

テラヘルツの振動に加えて、螺旋のエネルギーの動きを作り出してくれるので、セルフケアにぴったりなアイテムだと感じました。外出先でケアをするにも持ち歩きやすいサイズですし、何よりも重厚感が気に入っています。

骨つぼセルフケア体験者の声

フィジカル

健康や美容のために、これまで気をつけてきたことといえば、口にする食べ物ぐらいでした。骨つぼセルフケアを通じて、はじめて頭部の骨のバランスを意識する機会となりましたが、肉体的にも精神的にも、バランス感覚に注意が向くようになった気がしています。また少しずつですが、身体を動かすことにも興味が湧いてきました。バランスが整ったことがきっかけとなったのだと思います。

マインド

ケアをしている最中、少しの時間で思考がリセットされ、瞑想に集中している状態になり、脳の切り替わりの早さを感じられました。心のくもりのような、重たいマイナスエネルギーが身体の外へ引き出されるような感覚になることもありました。これは単に、いい波動を放つグッズをただ頭部に当てるだけでは難しいことなのではと思います。

デスクワークの合間で集中力アップ

気がついたときにスティックで骨つぼを押さえると、脳の緊張状態がほぐれて、疲れがとれます。そのあとの作業は、集中力が高まりますよ。

Column

ヨギー必見！　ヨガのポーズのお悩みが解消

骨《ほね》つぼセルフケアでポーズをとりやすくする

ヨガのポーズをしていて、こんなお悩みはありませんか？

- ✓身体がかたくて可動域がせまい
- ✓ポーズをとると腰や首に痛みを感じる
- ✓たくさんポーズをとった翌日に痛みが出る
- ✓同じポーズでも左右で可動域が異なる
- ✓長時間ポーズを取りずらい

18ページで説明したように、骨《ほね》つぼセルフケアで蝶形骨《ちょうけいこつ》を整えると、全身の歪《ゆが》みが改善されることにより、ヨガのポーズをしていてよく耳にするお悩みが解消することがあります。

あらゆる運動のパフォーマンス向上に、骨《ほね》つぼセルフケアは役立ちます

蝶形骨《ちょうけいこつ》へのアプローチにより、手軽に全身の歪《ゆが》みや緊張を緩和する骨《ほね》つぼセルフケアは、ヨガはもちろん、あらゆる運動に求められるパフォーマンスの向上をサポートします。

「骨《ほね》つぼセルフケア」で蝶形骨《ちょうけいこつ》が整うことによる可動域の変化イメージ

三角のポーズ　肋骨側面が緩み可動域が改善

半分の鳩のポーズ　骨盤部の仙腸関節が緩み可動域が改善

前屈のポーズ　仙骨下部腰椎が緩み可動域が改善

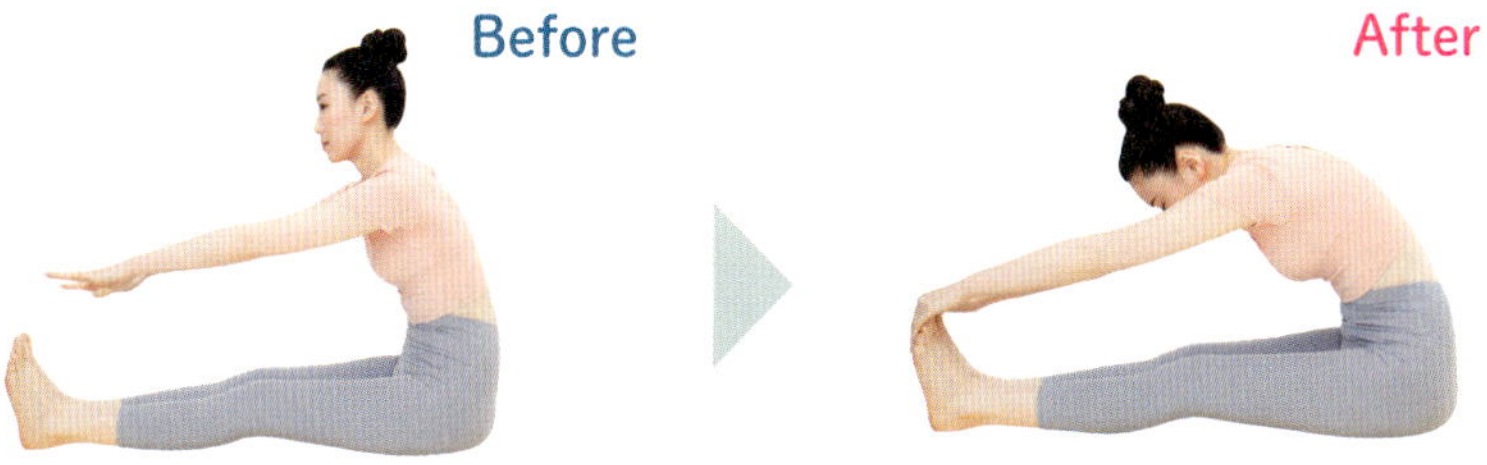

五、體《からだ》の歪《ゆが》みを整えるエネルギーワーク

歪《ゆが》みが固定されてしまうと、一般的な骨格矯正ではなかなか元の健康的な身体に戻すことは困難です。松山流整體《せいたい》術は、自然エネルギーをとりいれながら画期的な専用ツールで骨《ほね》つぼにアプローチをかけ、効果的に歪《ゆが》みをとりのぞいていきます。

エネルギーの歪《ゆが》みを整える

肉体をはじめ、思考や感情の歪みを整えるには、自己エネルギーを上昇させ、自然エネルギーを効果的にとりこむ必要があります。ここでは、エネルギーを調整する方法をご紹介します。

呼吸や瞑想、ヨガなど

呼吸は、不要なエネルギーを排出して、自然のエネルギーをとりこみ循環させるどこでも手軽にできるエネルギー調整の方法です。また瞑想は、呼吸と組み合わせて、マインド（意識）をリセットしたり、思考や感情をポジティブに変換します。体の緊張をほぐし、心身のバランスを整えるヨガも有効です。

自然エネルギー・天然のアロマ（香り）

花を愛でたり、大自然の中にいくと心が安らぐように、植物は人間のエネルギーを整えてくれる力を持っています。植物のアロマセラピーが医学的にも認められているように、天然のアロマは、エネルギーチャージにもおすすめです。また、空間を浄化する効果も期待できます。

足裏を中心としたフットケア

重力の中で全身を支える重要なパーツが足です。特に足裏は、身体の不要なエネルギーを排出し、大地や地球のエネルギーを吸い上げる第0チャクラ（エネルギーが交流するポイント）が存在する場所であり、全身のコリや緊張がほぐれるツボが集中しているため、足裏マッサージは、肉体だけでなくエネルギーの歪みの改善にも繋がります。

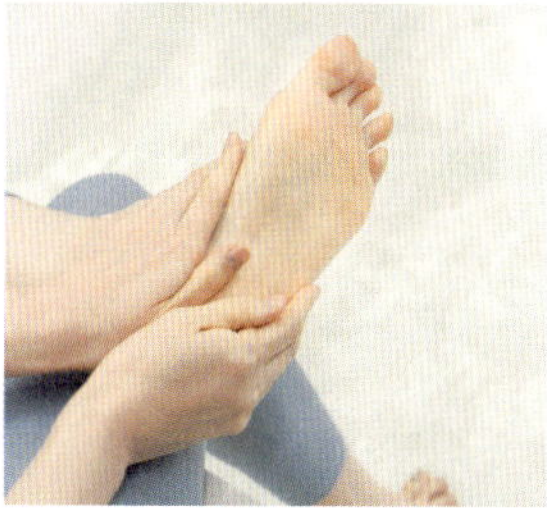

體《からだ》の歪《ゆが》みを整えるエネルギーワーク

松山流整體《せいたい》術が推奨するエネルギーチャージ法

骨《ほね》つぼセルフケアの効果を高めるために、エネルギーの歪《ゆが》みを整える2つのエクササイズを実践します。

身体の緊張をほぐしグラウンディングを促す「足裏トリートメント」

身体の深層部にある骨へのアプローチは、表層にある皮膚や筋肉をほぐしてから行うことで効果が表れやすくなります。頭からつま先までをもっとも効率よくほぐせる方法が、足裏トリートメントです。足裏は、大地から地球のエネルギーが交流する場所ですので、瞑想のエクササイズで自然エネルギーを取り込みやすくするためにも効果的なステップになります。

自然エネルギーをとりこみ 自己エネルギーを増幅させる「グラウンディング瞑想」

カメレオンスティックと組み合わせて行う、骨を動かす時に必要なエネルギーを増幅する瞑想法として開発したオリジナルの瞑想法です。様々な健康効果が証明されているテラヘルツ波を放つスティックによって、慣れていない人にも効果的なエネルギー調整が可能になります。

セルフケアの準備

服装

圧迫感のない、リラックスできる服装で行いましょう。皮膚は脳と直結しているため、外から圧力が加わると筋肉が硬直し、骨が動きにくくなります。天然繊維や天然染料のものがおすすめです。

環境

心を落ち着かせられる場所で行いましょう。できれば一人だけの空間で、静かな場所で行うことをおすすめします。

使用アイテム

カメレオンスティック（P36）、グラウンディングオイル（P98）、アロマスプレー（P98）を使用します。

意識と心構え

骨つぼセルフケアは、簡単なテクニックですが、テクニックとエネルギーの両方を意識して施術することが大切です。特に、セルフケアを行う際の意識や感情は、テクニックとエネルギー、そして施術後の効果に ダイレクトに影響をあたえます。心を落ち着かせてのぞみましょう。

骨つぼセルフケア前のエクササイズ1

足裏トリートメント

グラウンディング瞑想の前に行うことで、より大地から地球のエネルギーと繋がりやすくなります。また日頃のフットケアとしてもおすすめです。

準備するもの

グラウンディングオイル
グラウンディングアロマスプレー (P98)

ポイント

足先と指をぐるぐるとまわすときは、「今日もありがとう、おつかれさま」と足に感謝しましょう。 足裏トリートメントの後は、スティックを持つ手がオイルで滑り、床などに落とさないように、よく手を洗い、オイルをしっかり落として下さい。

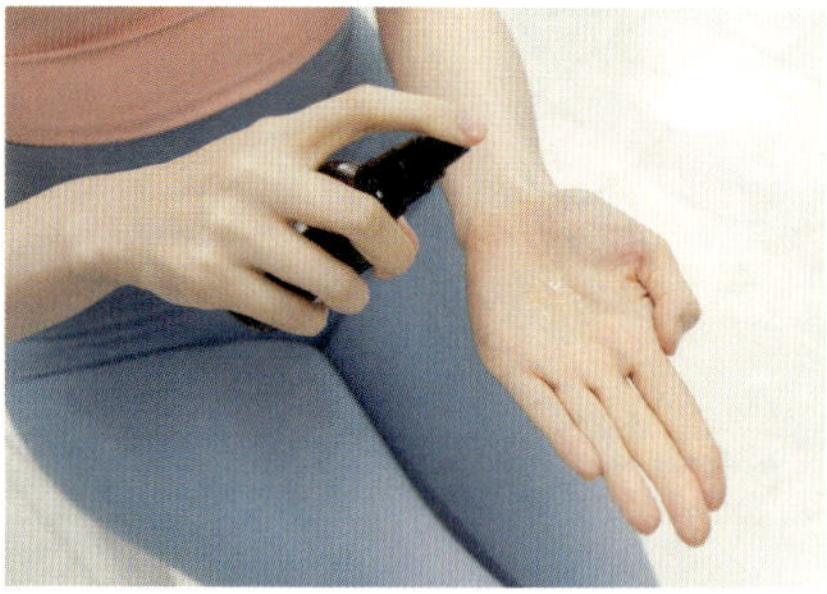

1 グラウンディングオイルをつける

椅子やベッド、床など楽な姿勢で座り、片足を曲げてもう片方の足の上に置きます。グラウンディングオイルを１～2プッシュ手に取り、さらにグラウンディングアロマミストをスプレーし、両手でやさしく伸ばします。

2 足首を回す

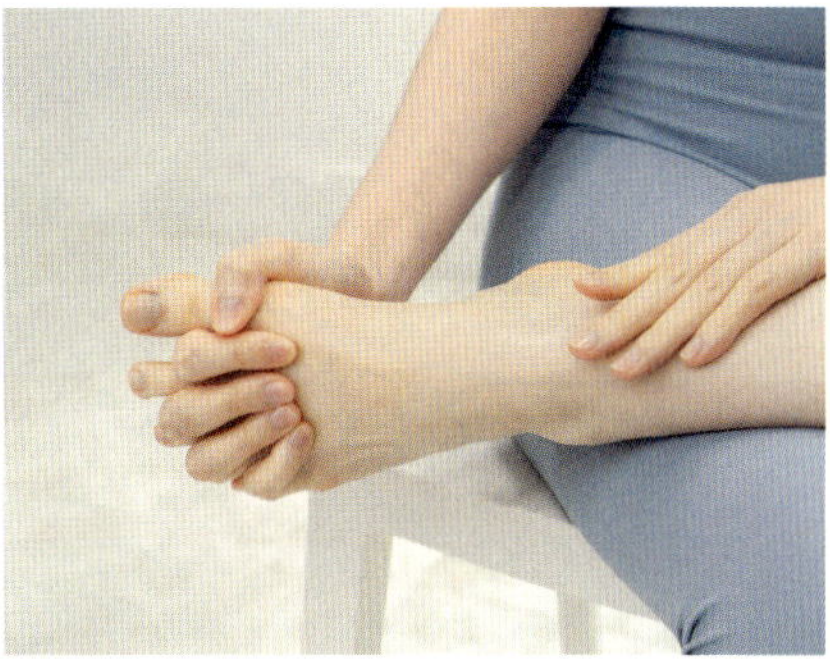

オイルとスプレーをなじませた手で、足の甲から足裏をさすり足全体に塗布したら、足首を膝の上にのせます。足の指と指の間に手の指を入れ、右回しで円を描くようにグルグルと 10 回程回します。左回しでも同様に行ってから、反対の足も同じように 10 回程回しましょう。

3 足の指をほぐす

次は足の指を手の指でつかんでグルグルと回し、指の 1 本 1 本をまんべんなくほぐしていきます。

4 足の裏を丁寧にトリートメント

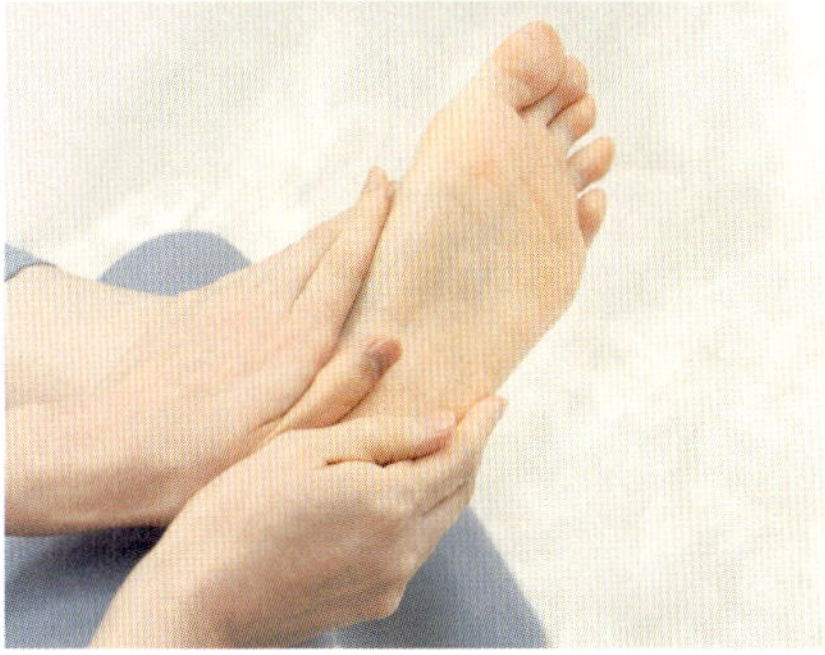

両手で足を掴み、足裏の気になるところを押しながら揉んだり、足の甲の骨と骨の間の溝を直線的に押し、さすっていきましょう。痛みを感じる箇所は重点的にトリートメントし、片足が終わったらもう片方の足にも同じようにトリートメントしていきます。

骨つぼセルフケア前のエクササイズ2

グラウンディング瞑想

骨《ほね》つぼセルフケアをはじめる前に行う、浄化&エネルギー上昇のための瞑想法です。
足裏トリートメントで、グラウンディング効果を高めてから行いましょう。

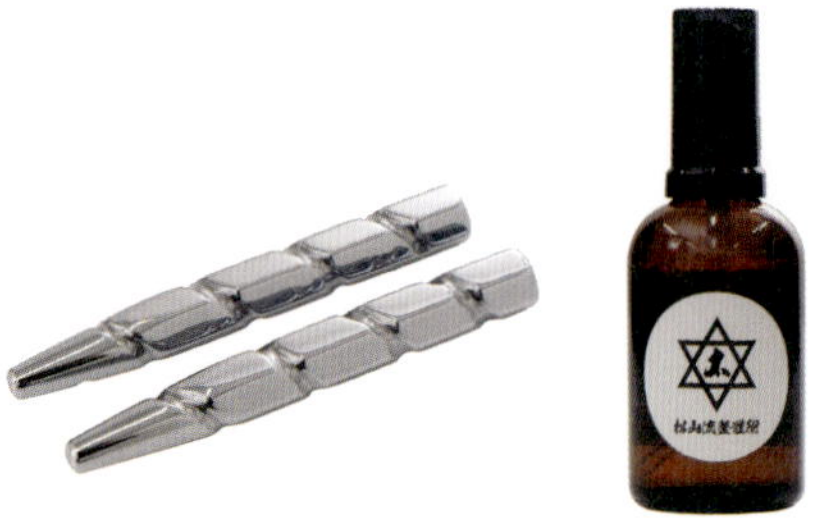

準備するもの
カメレオンスティック（P36）
グラウンディングアロマスプレー（P98）

はじめるときは

心が落ち着くリラックスできる場所、服装で行いましょう。なるべく裸足の状態で、背もたれのある椅子などに座った状態、もしくはあぐらをかいた姿勢で行ってください。芝生や土の上など、自然の中で行うのも効果的です。

セルフケア以外のシーンにおすすめしたいグラウンディング瞑想

グラウンディング瞑想は、日常の中で、疲れている時やエネルギーを高めたい時など、気が向いた時にもおすすめです。続けているうちにグラウンディングと瞑想の状態を身体が覚えると、いつどこにいても、身体を動かしながらでも、意識的に行えるようになります。

レッスン動画を
Check！

空間浄化

グラウンディングアロマスプレーを身体から30cm程離した空間に吹きかけると、よりグラウンディング瞑想の効果を感じやすくなります。

1 まずは大きく深呼吸

椅子にリラックスして座り、胸の前で合掌します。目を閉じて、肺の中に入っている空気を口から吐き出します。吐き切ったら、周囲に満ちた新鮮なエネルギーを体内に取り込むイメージをしながら、鼻から息を吸い込んでいきます。自分の心と身体を観察しながら、ゆっくりと深呼吸を続けましょう。

2 浄化

心が落ち着いてきたら、目を開き、片手で１本のカメレオンスティックを持ちます。手の届く範囲でよいので、スティックの側面を身体に滑らしていきます。余計なエネルギーや邪気を祓うイメージをしながら、やさしく全身をなでていきます。

マイナスな
エネルギーを清めていく

3 身体を安定させる

カメレオンスティック２本を両手に持ち、足の裏を床や地面にしっかりとつけた状態で、スティックの先端をおへその下の「丹田（第2チャクラ）」と「みぞおち（第3チャクラ）」にやさしくあてて、目を閉じ、再び深呼吸をします。この時、自分の身体が大きな木になったように、足の裏から木の根が地球に広がるイメージをして、身体がどっしりと安定するまで深呼吸を続けます。

足の裏から
木の根が地球に
広がるイメージ

4 地球と繋がる

尾てい骨のあたりにグレープフルーツくらいの大きさの光の球体があるのをイメージします。そして、この光から地球の中心に向かってエネルギーのコード(グラウンディングコード）を真っ直ぐに伸ばし、地球の核となるエネルギーにしっかりとつなぎます。吐く息とともに自分の不要なエネルギーが地球の中心へ流れ、吸う息とともにクリアな地球と自分のエネルギーが混ざり合い、全身にエネルギーが戻り、循環しているイメージをしてください。エネルギーのスムーズな循環を感じるまで、ゆっくりと呼吸を続けます。

5 心を満たす

身体の中のエネルギーが充分に満ちたら、カメレオンスティック２本を両手に持ち、先端を胸（第4チャクラ）にやさしくあてて、家族や友人など、感謝を伝えたい人達を思い浮かべ「ありがとう」と言葉にしながら深呼吸をします。続けて自分の心と身体にも感謝の気持ちを伝えながら、さらに深呼吸をし、ゆっくりと目を開けます。

Energy Work Talk

エネルギーワーク対談

松山流整體術 開祖

松山 太

クリスタルヒーラー / ヒプノセラピスト

佐藤 恵理

クリスタルヒーラー / ヒプノセラピスト

佐藤 恵理 さとう えり

英国クリスタル & ジェム・セラピスト協会 (ICGT)・CWJ 認定クリスタルヒーラー / ヒプノセラピスト。 クリスタルをはじめ、ヒプノセラピー、アロマ音叉やイヤーコーニング等、様々なヒーリング法やチャネリングを取り入れるホリスティックヒーリングサロン『アムリタの泉』主宰。首都圏を中心とした対面・遠隔ヒーリングセッション、リトリートやヒーリング講座、ワークショップ等を随時開催。

https://www.amritanoizumi.com

骨《ほね》つぼセルフケア前の瞑想エクササイズ〈グラウンディング瞑想〉を監修したクリスタルヒーラーであり、ヒプノセラピストの佐藤恵理さん。アプローチは異なるものの、身体や意識を癒やすエネルギーワークを行っている二人の対談が実現しました。

松山　佐藤さんは、瞑想を含め、常日頃エネルギーワークを行われていると思うのですが、どんなときに瞑想をされていますか？

佐藤　時間のある時は、朝の時間帯や夜寝る前、中庸の状態を意識する時などに行なっています。瞑想は一種の「祈り」と思っているので、余分なエネルギーを浄化して自分の深い本質や地球や宇宙につながりたい時は、移動中など気が付いた時に行なっています。

松山　セルフケア前のエクササイズの一つ「グラウンディング瞑想」も、まさに地球と繋がることを意識した瞑想になっていますが、監修に

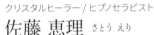

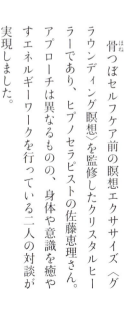

あたり使用していただいたカメレオンスティックを手にしたときの体感はいかがでしたでしょうか？

佐藤　持った瞬間に身体の奥深くにエネルギーが届き、体が正しい状態にもどっていく感覚や、細胞が活性化していく感覚があり、とても驚きました。開発段階でもスティックを試す機会をいただきましたが、先生がテラヘルツを選ばれた理由は何だったのでしょうか？

松山　ずばり、松果体への効果ですね。松果体が位置する脳幹部の後ろ・大脳辺縁系は、免疫力をつかさどる源です。ここに歪《ゆが》みが発生すると、ホルモンバランスが乱れたり、メンタルの不調や万病の原因ともいわれています。純度の高いテラヘルツは、松果体にいい振動をもたらし、第6チャクラのエネルギーを活性化してくれるので、結果的に自然治癒力を高め、全身の骨格を調整しやすくしてくれるんです。

佐藤　松果体のある第6チャクラといえば直感力や第六感と関係のある場所ですね。

松山　はい。古代人は、天気が変わることを事前に察知していたほど第六感が研ぎ澄まされていました。しかし現代人は、デジタル化でどんどん便利な時代になり、化学的な食品や環境汚染、電磁波といった様々な要因から、松果体の機能が低下しています。テラヘルツは、松果体を振動し、脳にいい効果をもたらしてくれるのです。

佐藤　なるほど！　では、カメレオンスティックを頭にあてるだけでも効果がありそうですね。

松山　カメレオンスティックは、高純度のテラヘルツが高い波動を保持しているため、浄化の必要はありません。ただ、エネルギー調整に慣れていない人は、瞑想と骨《ほね》つぼセルフケアの前に、天然のアロマを活用して空間のエネルギーをクリアにすることをおすすめしています。自

然のエネルギーが詰まったアロマは、空間はもちろんネガティブな感情をプラスに切り替えて、エネルギー調整をしやすくしてくれるんです。

佐藤　普段クリスタルやアロマ、音叉などを使って、自分自身や場も浄化したり、高い波動を保った状態に戻すようにしていますが、香りの刺激が脳に伝わるまでの時間は0.2秒以下と言われているだけあって、アロマは一瞬で変容する方が多いように感じます。松山流のアロマは柑橘系の爽やかな香りと樹木系の深い香りが絶妙なバランスで、まるで森林浴をしているような気分で、色々な場面でオールマイティーに使える印象を持ちました。

松山　開発したアロマスプレーは、屋久島の杉の木など珍しい日本の香り数種類をブレンドして手作りしています。このアロマのパワフルな火山と海に囲まれた大自然のエネルギーをさらに高めるにあたって大切なポイントは何だと思いますか？

佐藤　瞑想を始める前の呼吸だと思います。仕事に集中しているときやスマホを見ているときなど、現代人は、外の世界に意識が向いてしまう時間が多いです。そういう時に、深呼吸は〈内なる自分〉に意識を向けて、全てとつながり高いエネルギーに共振するもっとも身近な方法なのではないでしょうか。

松山　確かに、内気な人や悲しい感情を抱えている人ほど、猫背になりがちで呼吸が浅い傾向があります。呼吸は「エネルギー調整の第一歩」ともいえるかもしれません。

佐藤　グラウンディング瞑想では、木になったイメージで、地球の中心と繋がり三つのチャクラ（丹田・みぞおち・胸）にアプローチをしていきます。最初は少しずつかもしれませんが、だんだん地球や自分の深い本質とつながる体感が感じられるようになるかもしれません。続けていると、エネルギーが安定し、周囲の影響を受けにくくなり、常にクリアなエネルギーを保ち、経済的な基盤が築かれたり、具現化することができたりといった変化も表れてくると思います。

松山　瞑想によるポジティブな作用は、骨《ほね》つぼセルフケアの効果にも表れると思いますので、ぜひエクササイズから骨《ほね》つぼまでのケアは、セットで実践していただきたいですね。

佐藤　松山先生は、今後の展望がおありなのでしょうか？

松山　骨《ほね》つぼセルフケアは〈小顔になれる〉頭蓋骨のセルフケアを通じて、脳への作用やお悩み解決に向けて、スティックの開発と同時に開発したメソッドです。ただこの先は、より深刻となりつつある健康課題の改善に向けて力を入れていきたいという想いがあります。具体的には、骨盤とデコルテ周辺のリンパ、２つのケアです。骨盤の歪《ゆが》みは婦人科系の不調や不妊と繋がりがあり、また鎖骨下にあるリンパは全身の巡りと深く関係しています。施術にとどまらず、セラピストの育成やテクニックの普及にも、注力していきたいと思っています。

佐藤　今後もますます楽しみですね。またエネルギーワークについてお話できたらうれしいです。

松山　本日はありがとうございました。またお会いできる日を楽しみにしています！

アイテム紹介

グラウンディング効果を高め、
足を美しく健康に保つために開発したナノ（低分子化）オイル

松山流整體《せいたい》術 ®
グラウンディングオイル 30ml

スペイン産最高級オーガニックオリーブを、収穫してから 4 時間以内に低温で圧搾。世界初の特許技術・非加熱製法で作られた弱酸性のお肌にやさしいオイルです。低分子化しているので、お肌の奥まで植物の有効成分が浸透。高い保湿効果もあるので、日頃のスキンケアにもお使いいただけます。低刺激性なので、敏感肌の方にも安心です。

屋久島杉をベースとした
洗練された香りで空間浄化リラックスタイムやおやすみ前にも

松山流整體《せいたい》術 ®
グラウンディングアロマスプレー 60ml

屋久島杉をベースに、日本の香りを数種類ブレンドしたアロマスプレー。屋久島杉は、自律神経を整えたり安眠効果のある成分セドロールが、本土の杉と比較して約 20 倍含まれています。お部屋はもちろん、ファブリックミストとしても使えるので、枕元やカーテン、衣類など幅広く使えます。

松山骨格矯正院＆松山流整體《せいたい》道場のご紹介

松山骨格矯正院

松山流整體《せいたい》師が２名で全身の骨格矯正を行う整体院です。 月間 10 名様限定・完全予約制。 無料カウンセリングは、オンラインと対面で受付。 所在地は、ご予約の際にご案内いたします。

松山骨格矯正院

松山流整體《せいたい》術を学ぶ

松山流整體《せいたい》道場
オンラインスクール

YouTube
チャンネル

Interview

松山太先生との出会いから松山流整體《せいたい》術師への道のり

松山流整體術師
大橋 理絵

松山流整體術師

大橋 理絵　おおはし りえ

エステティシャンとして勤務中、手と腰を故障。アロマセラピストに転身し、自宅サロンを開業。松山太先生が開発した“手を傷めない骨格矯正”に感動し、入門。2022 年、松山流整體師として独立。2023 年より、施術者としての活動と並行して、松山先生の施術およびスクール運営の補佐を行い、現在に至る。

松山先生との出会いは、２０１７年バリ島行きの飛行機でのことです。偶然にも、行きと帰りの座席が前後という不思議なご縁がはじまりでした。当時私は、セラピスト12年目。アロマやボディケアの仕事に携わってきましたが、結果的に、お客様を心から喜ばせるような結果も出せず、それどころか自分自身が腰痛や肩コリ、しびれなど、心と身体がボロボロになっていくだけでした。最終的に、自分の為にも、お客様の為にも、一旦セラピスト業界を去りました。今思うと、私の周りのセラピストを見ても、ほとんどが同じ状況だったのです。その理由は、「骨に触れない技術」だったからだと、今となっては、はっきりと思うところがあります。

　それから約4年が経過した頃、松山先生から「松山流整體《せいたい》術」のスクールについてお声掛けをいただき、迷ったあげく、もう一度セラピストとしての道を歩みたいという思いが募り、骨に触れる松山流を学びはじめることになりました。

たった1回の施術で劇的効果をだせるまでに

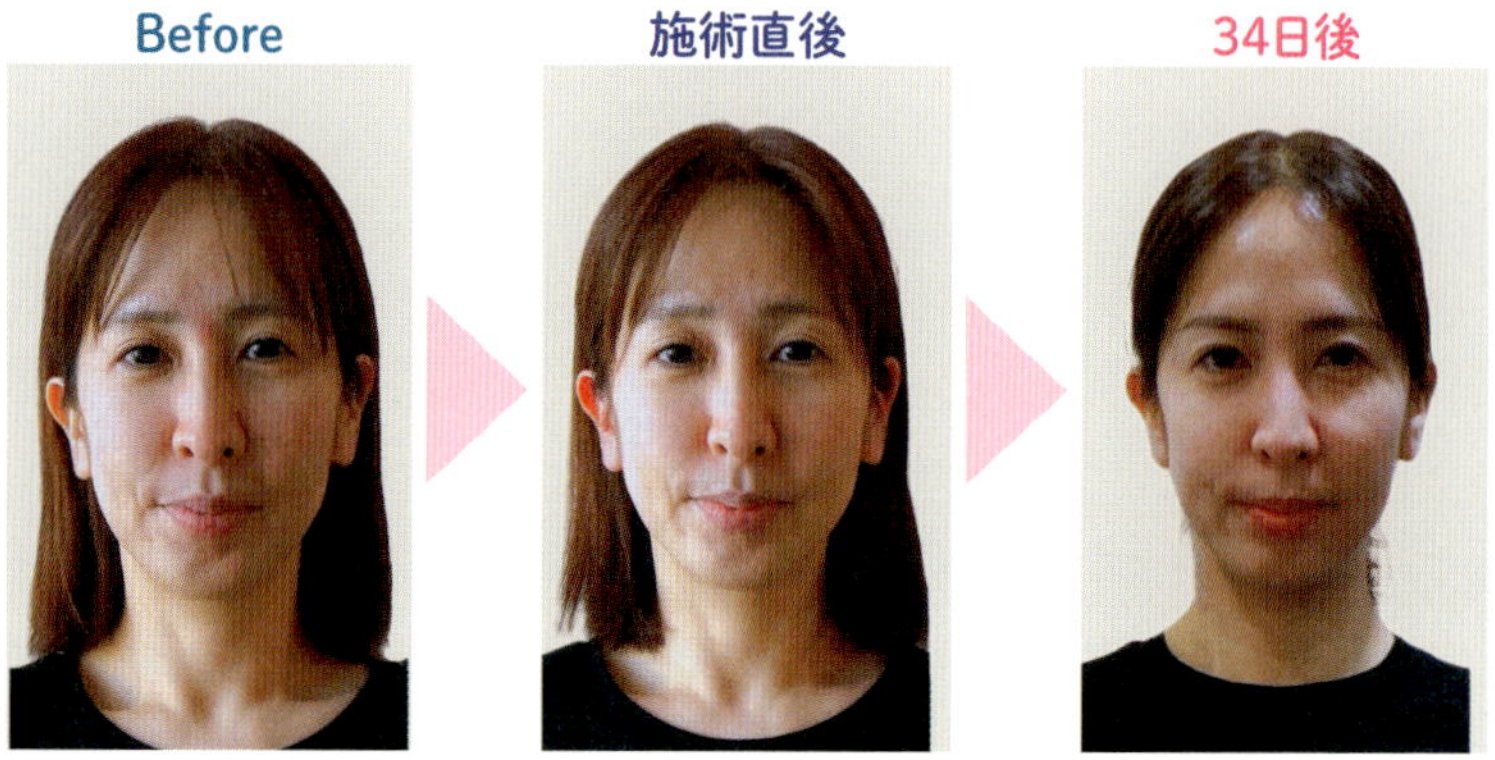

30 分の施術を 1 回だけした結果 34 日目の方が整い、美しい小顔になっている

するとなんと、スクール初日、たった1回90分間の対面実技を学んだだけなのに、写真のような結果が出せてしまったのです！（上部写真参照）さらに、施術直後や数日間は効果が持続するテクニックなどは聞いたことがありますが、なんと34日後の方が高い効果が出てしまったのです。1ヶ月後の方が美しくなる技術など聞いたことがありません。

これはもう、セラピスト業界初、業界全体が震撼するような、すごい技術が誕生したのだと確信しました。そしてさらに、妖怪のようだった私の心と身体までも、この写真を見てわかる通り、この2年間で大きく若返っていきました。（次ページ写真参照）セラピスト業界の常識では、お客様へエネルギーを放出するという過酷な労働環境が長年続くと、私のように心身ともにやつれてゆき、美容のお悩みや身体の不調に悩まされ、あまり長くはセラピストとしてやってい

松山流整體《せいたい》術によって変化した顔まわりの印象

Before

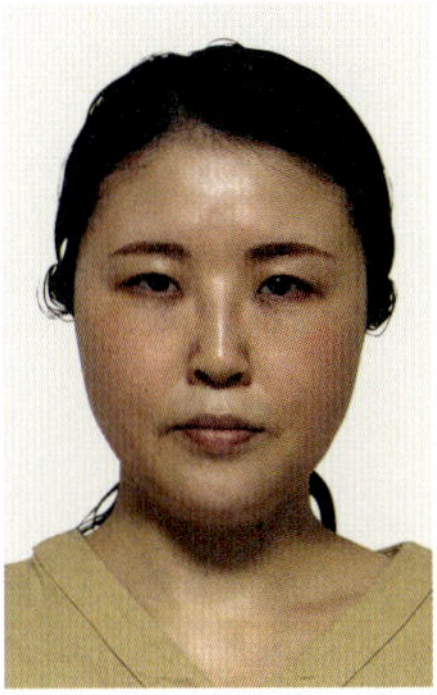

松山先生と再会した時の私。痛みや不調、全身のむくみでセラピストに返り咲くことなど想像もできませんでした。

1年後

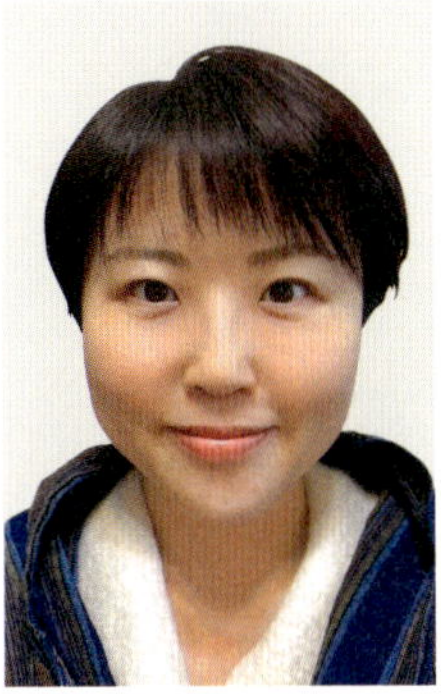

顔のむくみが取れて目が開き始め、精神的にもかなり前向きに変わっていきました。

2年後

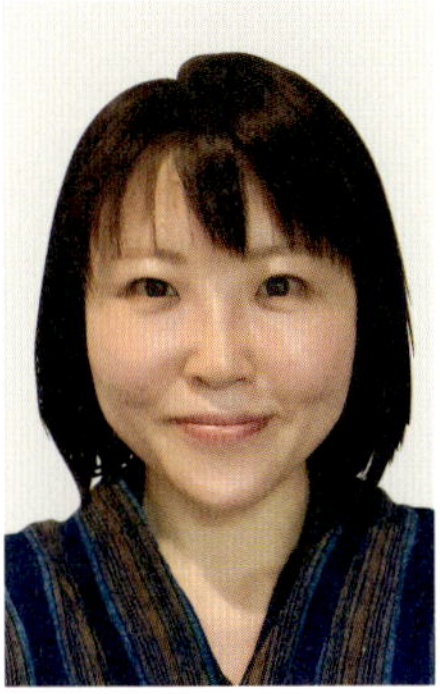

殆どの不調は消失し、顔もさらに引き締まり、今でも日に日に若返ってゆく実感があります。

けない人が多いのが現実です。実際に、70歳で現役バリバリのセラピストなど殆ど聞いたことがありません。松山流整體《せいたい》術のスクールでは、真逆のことが起こるのです。それは私だけでなく、他の50代、60代の生徒を見ても皆様、カリキュラムが進んでゆく過程で若々しく、美しくなられてゆきました。これらの経験から、骨に直接的に触れるという松山流整體《せいたい》術は、施術を受けるお客様はもちろん、施術を行うセラピスト自身までも、ここまで変えてしまうものであり、これまでのセラピスト業界の常識を根底から覆《くつがえ》す新技術だと悟りました。

私はこのようにして、セラピストとしての本当の幸せの道を歩むことができるようになりましたが、全国のほとんどのセラピストが、過去の私と同じように、確信を得られない道を歩んでいるのではないでしょうか？　その原因は先に述べた通り、「骨に触れない整体」をしているか

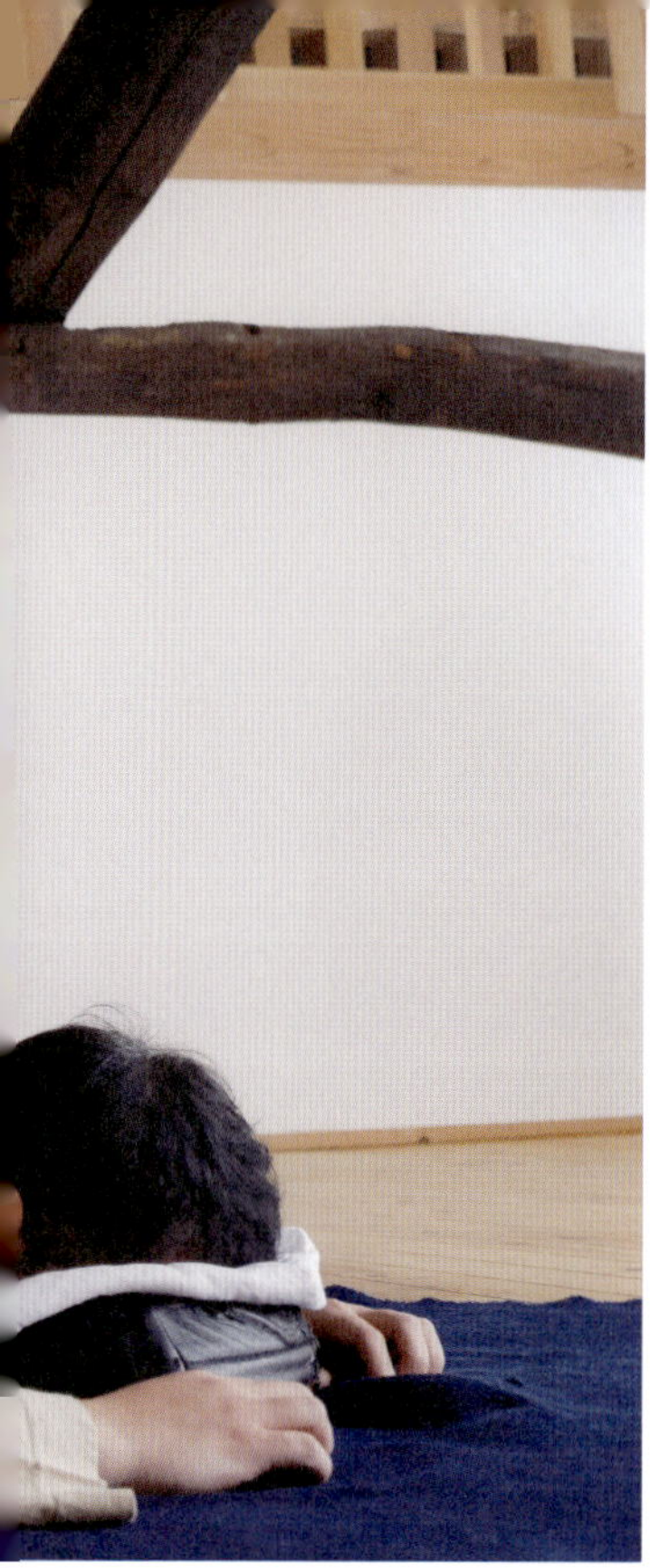

らだと思います。松山先生はおっしゃいます。

「骨などの深い層に、疲労物質や邪気が何十年も蓄積してそのまま放置されています。でも、そういった根深い穢《けが》れを潜在意識で恐れてセラピストは触れません。触れないでいると、かえって神聖なエネルギー環流がお客様とセラピストの間でなされなくなり、セラピストの心身や人生に悪影響を及ぼします。だから思い切って、一番穢《けが》れている深い層に触れる。その方がお客様のためになるという、慈悲の心で触れる。そういった捨て身の施術の方が、結果的にお客様もセラピストも体調が良くなり、人生が好転するんです。私の人生や生徒の人生がそれを証明しています。私はお客様だけでなく、セラピストにも幸せになってほしいのです。だからこの技を作った。一生涯継続できるセラピストがもっと増えてほしいのです。」これを聞いた時私は、「なぜ今まで私は、骨以外の表面にしか触れてこなかったんだろう？他のセラピストや講師も、なぜ骨に触れてこなかったんだろう？」といった素朴な疑問が浮かびました。実際に私も他のセラピストも、骨に触れない明確な理由などないのです。ただなんとなく、骨に触れずに私も業界全体もセラピストの道を歩んできたのです。いえ、前に進んでいると勘違いしていたのかもしれません。その証拠に、セラピスト業界のテクニックはさほど進化していないのですから。そのことに心の奥底では気付きながら、見て見ぬ振りをしてきた私。その理由は、本当にお客様の幸せを願っていなかったという、慈悲心の足りなさであったと今では分かりました。「體《からだ》」は、「体」の旧漢字です。漢字でも、カラダ＝骨

と書かれているのに、一番深く穢《けが》れた部分から潜在意識的に逃げてきたのです。世界中探しても、そのような骨に触れる技術がなかったのも理由の一つですが、それは言い訳なんだなと今では思います。しかし今では、骨に触れる技術を松山先生が生涯をかけて作ってくださいました。ですから、皆さん安心して松山先生に身を任せると良いと私は確信しています。また、松山先生は、このようなプロセラピストの新しい道を開いただけでなく、親子整体など、一般家庭向けとしてもこの技術を開放してくださいました。また同時に、一般ユーザーも自分で骨《ほね》つぼにアプローチして美しくなれる画期的なセルフケアアイテムまで作ってくださいました。松山流の手技も、アイテムも、画期的なものであり、関わった人たちを必ず幸せに導いてくれるものだと信じています。このようなことから私は、松山流を世界に広めるべく命を燃やして、松山流を支えていこうと思っています。

松山流整體《せいたい》術　開祖　松山太

～骨士道《こつしどう》への道～　これまでの歩み

筋肉が最重要と考えていた若かりし頃

私は、学生時代からボクシング・柔道・陸上・野球を経験し、その経験の中で、「**筋肉こそ最重要な要素**」と考えていました。まさに、筋肉の量＝健康の質＝プレーの質と考えていました。なので、扱い重量が重ければ重いほど筋肉量が増えると聞いていたので、重いバーベルをフォームを崩しながら無理して担いだり、プロテインなどのサプリメントを大量にがぶ飲みし、身体や内臓に不自然な負荷を与えていたのです。その甲斐あって、筋肉量は増えましたが、腰痛や肩コリが酷かったり、思考や感情が落ち着かないといったメンタル面の不具合があったり、いつも疲労が抜けずに重だるい感じがあるといった、不定愁訴を抱えていました。その症状は年々ひどくなってゆき、これまでのように積極的に筋トレやサプリメント摂取をすることに、疲れを感じ始めました。そして不思議なことに、**心身の不調に比例して、人生全体も思い通りにいかないという、人生不調に陥っていきました。**またこの頃の私は、お客様の骨をしっかりと矯正したいという思いが強すぎて、多い時でお一人に6時間連続で施術を行うなど、かなり無茶なやり方をしていました。そんな時、疲労困憊で指先に力が入らなくなり、施術の継続が難しくなった刹那、「筋肉ではなく骨を使った施術」を無意識に行っている自分がいました。**力まず自分の骨を意識しな**

がら施術した方が、楽にたくさん骨が動き出したのです。

骨の大切さに気付いて全ての不調が消失

この瞬間、「**肉ではなく、骨を最重要とした動作**」の研究に夢中になりました。そしてさらに、骨を意識して運動したら、質の良い筋肉が大きく発達するということを発見しました。動物たちの運動量は少ないのに美しい筋肉が隆々と発達している理由はここにあったようです。人間だけが骨を意識することを忘れて不自然な動作をしており、そのこともあらゆる不調の原因だったのです。

私はこのように、常に自分の身体の問題を解決する最良の方法を模索していて、そのためには自分の身体を実験台として使い、そこから得た確信により手技を構築する。そういうことを繰り返してきました。その中ではっきりと気付いたことは、骨を意識して動作し、**セルフケアで骨を整えておけば**、心身の不調は保たれ、同時に人生も好調となり、誰でも幸せになれるということでした。

History of Futoshi Matsuyama

公務員を退職した頃（３４歳）心身の不調に悩まされ疲れ切って顔が弛んでいる

筋肉に夢中になっていた若かりし頃

どんどん美しくなる受講生たち

骨の大切さに気づき、骨を意識して動作し、骨に触れる施術を継続した結果、私の健康状態は著しく向上し、外見もどんどん若返り、形状も美しくなってゆきました。解剖学的にも、骨を中心にして肉が螺旋に巻き付いているように、**全ての肉は骨に従う従者であり、骨が主です**から、骨を意識し美しくしてゆけば、肉はそれに従い自ずと美しく健やかになるのです。そしてこの現象は全ての受講生にも起こりました。私の受講生は平均年齢が45歳くらいで、9割が女性ですが、スクールを習い始めて受講生同士で骨に触り合うと、どんどん美しくなり、若返り、**特に肌質が明るくなりリフトアップする**という現象が全員に起こったのです。もちろん、卒業して開業されている受講生でも同じ現象が起こっています。

骨格矯正は魂をも美しくする

受講生や施術を受けたみんなが美しくなる。その理由を考えていたある日、世界的な海外の水の研究者と長時間に渡り、数回対談する機会に恵まれ、その中で答えを見つけることができました。その研究者は、「松山先生、筋肉の中の水分子は通常数万個単位で団粒化して流れています。団粒化がさらに大きくなると痛みが出ます。体内の水は団粒化せずサラサラ流れている状態が理想的です。では水分子一個一個のように、H_2O単体で存在している場所はどこか分かりますか？脳でもなく、心臓でもありません。**骨なんです。骨の表面にある水分子が一番細かいのです。すなわち、波動が高いということです。**だから私は、**魂という一番高波動な存在は骨の中にあると信じています**。そして骨格が歪《ゆが》むとノイズが発生し、この骨の周りの高波動水（**魂の波動水**）が自由に目的の場所（脳や内臓など全身）へ移動できなくなってしまい、あらゆる不調が起こるのです。」

私はこのお話を聞いた時に、「やっぱり自分が心眼で見ていた世界は間違いなかった！」と思いました。私は、骨が一番魂に近い存在であると何故か確信していたのです。すなわち、

「骨を矯正することは魂を矯正することである」

と確信し、骨格矯正を通じて、お客様お一人お一人の魂にこびりついた邪気やカルマ、先祖からの因縁を浄化し、人生を好転させる施術を行なっていたのです。

【骨士道】思想の誕生

魂の磐座《いわくら》（依代《よりしろ》）である骨格が歪《ゆが》むと、そこから骨格ノイズが発生し、ノイズは魂に伝播し、思考や感情や体調は乱れ、あらゆる不調が（人生の不調も）起こります。骨格矯正をしてノイズを消去することで魂は矯正されます。しかしこれは長期間持続するとはいえ対症療法であり、人生を歩む中で様々な出来事が起こると心が乱れてしまい、そこから魂が歪《ゆが》んで骨格も歪《ゆが》むという悪循環がおこります。そこで私は、「**體《からだ》を矯正することで、魂が矯正され、すなわち生き方も矯正する**」という「**松山流哲学**」の根幹の思想にたどり着きました。この**松山流哲学**と**松山流整體《せいたい》術**とを同時に学び、生きる道を

【骨士道】＝『真に體《からだ》と心を正す道』

と名付け、生涯を通じ、この道を究めていくことを誓いました。

おわりに

私は、生まれ落ちた時にはすでに波瀾万丈の環境にあり、離婚と再婚を繰り返す両親についてゆく中で、父と呼んだ人が三人、母と呼んだ人が三人います。この期間に小学校だけでも9か所通うという転校ばかりの人生、短い所だと3ヶ月しか住まなかったところが5か所もあります。当然、友達ができることもなく、かといって両親を信頼できるわけでもない私は、周りとは全く違う環境で孤立しており、孤立が当たり前の人生でした。そしてこの環境は、**「人生や生活のあらゆる疑問や問題を、自分一人で解決する」**という、特殊な心得を育てました。そしてこの特殊な心得こそが、**周りがやっている既存の手技から逸脱して、骨などの深層部に触れる**といった、特異なアイデアを生み出し、それが高じて松山流整體《せいたい》術や松山流哲学である「骨士道《こつしどう》」を生み出すことになりました。今となっては、当時を冷静に振り返ることができますが、当時は無我夢中でした。ここで私が言いたいことは、

「どんな環境に生まれようと、今あなたにどんな苦難が立ちはだかっていようとも、必ず人は救われるものである。」

ということです。苦悩も不幸も必ず人を育てます。誰一人気付いてくれなくても、神様だけは必ず観ていてくれていると信じて生きてきました。その一心だけが孤独な私をいつも支え、ここまで私を連れてきてくれてたのです。そう信じて骨に触れ続けたら、なんの医学的学校も出ていない私でさえ、骨を動かす技が宿ったのです。

インタビュー
松山太という 生き方1

インタビュー
松山太という 生き方 2

「授かった技は世に広く広めなくてはならない。」

これは、時折私の心に直接聴こえてくる言葉です。そうはいっても、波瀾万丈な人生により特殊な心得があったからこそ体得できた技。一般の人々には到底体得できないと、どこか諦めかけていました。そんな時に、株式会社はつがの服部社長からお声かけいただき、**「アイテムを使用することで矯正量を上げる」**という発想が生まれ、今回の**カメレオンスティック**が誕生しました。まさに、私のやりたかった普及活動がスタートした瞬間でした。

「肉整体」ではない、「骨整體《ほねせいたい》」。この新しい技術を単に技術として捉えるだけでなく、「新しい整体文化」として捉え、また、骨士道を「**新しい日本文化**」として捉え、日本のみならず世界に普及してゆきたいというのが私の悲願であり、天命であると確信しています。

世の中にはまだまだ、大きく背骨が捻じ曲がる側弯症や、様々な不調に苦しんでおられる方々、人生の不調に苦しんでおられる方々が大勢いらっしゃいます。単なる整体ではない、骨格矯正ではない、魂まで矯正できる手技と哲学。これにより救われる人は大勢いらっしゃると思います。私がそうであったこと、受講生もそうであったように、人は変われるものです。人生は必ず好転するものです。その想いが詰まった**カメレオンスティック**にはそのエネルギーを込めてあります。お一人お一人の人生が花開き、幸福に満たされることを願い、ひいては世界平和へとつながることを願い、筆を置きます。

松山 太

松山 太　まつやま ふとし

幼少期から悩まされてきた頭痛・背中痛・側弯症を“人生の問題解決の課題”と捉え、独学独歩で一般的な骨格矯正の 20 倍以上の矯正量を誇る手技『松山流整體《せいたい》術®』を開発。2024 年「骨《ほね》つぼ®」にアプローチする専用ツール『カメレオンスティック®』を考案し、オンラインスクール『骨《ほね》つぼセルフケア』を始動。心身のケアのみならず、人生全体の幸福を目指した施術とその技の普及に人生を捧げている。

「松山流整體術」および「骨つぼ」および「骨士道」は、松山 太の登録商標です

小顔になる！骨《ほね》つぼセルフケア 松山流整體術®

2024年10月17日　初版発行

著者　松山 太

モデル　Natsuki
ヘアメイク　大森美佳
写真　稲垣純也、五味茂雄、中井秀彦
イラスト　槌本ひかり
編集　渡邉絵梨
デザイン　北田彩（キラジェンヌ株式会社）
Special Thanks　服部秀幹（株式会社はつが）

発行人　吉良さおり
発行所　キラジェンヌ株式会社
東京都渋谷区笹塚3-19-2青田ビル2F
TEL：03-5371-0041　FAX：03-5371-0051

印刷・製本　モリモト印刷株式会社

Printed in Japan
ISBN 978-4-910982-05-2